U0531092

本书得到山东师范大学教育学省级一流学科经费资助

吉标 孙宽宁 著

我国课程与教学论学科
历史建制

中国社会科学出版社

图书在版编目（CIP）数据

我国课程与教学论学科历史建制 / 吉标，孙宽宁著.
—北京：中国社会科学出版社，2020.6
ISBN 978 - 7 - 5203 - 6312 - 9

Ⅰ.①我… Ⅱ.①吉…②孙… Ⅲ.①高等学校—学科建设—研究—中国 Ⅳ.①G642.3

中国版本图书馆 CIP 数据核字（2020）第 065062 号

出 版 人	赵剑英
责任编辑	张　林
特约编辑	宗彦辉
责任校对	赵雪姣
责任印制	戴　宽

出　　版	中国社会科学出版社
社　　址	北京鼓楼西大街甲 158 号
邮　　编	100720
网　　址	http://www.csspw.cn
发 行 部	010 - 84083685
门 市 部	010 - 84029450
经　　销	新华书店及其他书店
印　　刷	北京明恒达印务有限公司
装　　订	廊坊市广阳区广增装订厂
版　　次	2020 年 6 月第 1 版
印　　次	2020 年 6 月第 1 次印刷
开　　本	710×1000　1/16
印　　张	12.75
插　　页	2
字　　数	190 千字
定　　价	69.00 元

凡购买中国社会科学出版社图书，如有质量问题请与本社营销中心联系调换
电话：010 - 84083683
版权所有　侵权必究

导　　言

学科即学术的分类，是指一定科学领域或一门科学的分支。学科与知识紧密相连，是分化了的知识领域，是自然科学、社会科学概念的下位概念。既然学科与知识紧密相连，那么学科自然就表现出两重属性——知识性和组织性，也呈现出两种不同的形态——理论形态与实体形态。理论形态要求学科有其内在的规定性即学科的学理性，而实体形态则要求学科有其外在的组织性，即学科赖以存在的基础条件。评判一个研究领域或一门学问是否为学科，其标准就看它是否满足学科的两重性。从内在规定性来说，一门学科要有独特的研究对象、独有的研究方法和完整的知识体系；从外在的组织性来说，一门学科要有专门的系科组织、研究机构、专业学会以及保障其发展成熟的其他外部条件等。

一

学科建制是一门学科发展到一定阶段的产物，是学科专门化、规范化和制度化的结果。学科建制为一门学科的发展提供了基本的制度保障，为学科研究者提供了一种基本的"社会身份"或"社会标识"。根据费孝通先生的说法，"一门学科的社会建制大体应包括五个部分：一是学会。这是群众性组织，不仅包括专业人员，还要包括支持这门学科的人员。二是专业研究机构。它应在这门学科中起带头、协调和交流的作用。三是各大学的学系。这是培养这门学科人才的场所。为了实现教学与研究的相结合，不仅在大学要建立专业和学系，而且要设立与之相联系的研究机构。四是图书资料中心。为了更好开展教学研究，需要收集、储藏、流通学科的研究成果、有关的书籍、报刊及其他资料。五是学科的专门出版机构。这包括专业刊物、丛书、教材和通俗读物。"[1] 以上五个方面的内容，几乎论及了学科建制的基本内涵，也为考察课程与教学论的学科建制提供了有效的分析框架。

我国课程与教学论学科是伴随着近代师范教育体系的形成和完善而发展起来的，是对西方课程与教学理论移植和学习的产物。1897年，盛宣怀在上海创办南洋公学师范院，"复仿日本师范学校之法，别选年十岁内外至十七八岁止，聪颖幼童一百二十名，设一外院学堂，令师范生分班教之"[2]。这标志着中国师范教育的诞生。1902年，张之洞创设湖北武昌师范学堂，成为"中国第一所官办独立的中等师范学堂"[3]。该学校课程除"普通学"外，"另设教育学、卫生学、教授法、学校管理法等课，日课以八小时为准，专门培养中小学教习"[4]。是年，清政府颁布《钦定学堂章程》，规定"中学堂内应附设师范学堂，以造成小学堂教习之人才。中学堂所开设的课程门目为修身、读经、中外史学、中外舆地、外国文、图画……照此课程，每一星期在中学堂所开设的外国文课中减去三小时，加教育学、教授法三小时"[5]。"教授法"与"教育学"以同等地位在师范学堂开设，这意味着教学论在近代中国中等师范学校课程体系中已经确立。同年12月，京师大学堂设立师范馆，首批招生79名学生，这是我国高等师范教育的开端。[6] 1908年，京师大学堂师范馆更名为京师优级师范学堂。1912年9月，教育部又颁布《师范教育令》，将

---

[1] 费孝通：《略谈中国的社会学》，《社会学研究》1994年第1期。
[2] 陈学恂：《中国近代教育文选》，人民教育出版社1993年版，第78页。
[3] 郜林涛、黄仕荣：《中国历代学校制度通考》，北岳文艺出版社2008年版，第245页。
[4] 朱有瓛：《中国近代学制史料（第一辑下册）》，华东师范大学出版社1986年版，第805—807页。
[5] 琚鑫圭、童富勇、张守智：《中国近代教育史资料·实业教育·师范教育》，上海教育出版社1994年版，第564—565页。
[6] 北京师范大学校史编写组：《北京师范大学校史（1902—1982）》，北京师范大学出版社1984年版，第3页。

优级师范学堂改为高等师范学校，由原来的省立改为国立，并将全国划分为六个师范区。其中，京师优级师范学堂率先改为"北京高等师范学校"。继后，广东高等师范学校、武昌高等师范学校、南京高等师范学校、成都高等师范学校和沈阳高等师范学校相继成立。

上述六所国立高等师范学校均已开设教授法、中（小）学教学法、各科教学法等课程，且拥有一批从欧美和日本回国的教学法学者群体，如陶行知、李廉方、俞子夷、程其保、吴研因、赵廷为、罗廷光、龚启昌、萧承慎、陈鹤琴等。他们积极引进国外教学法思想，讲授教学法课程，编著教学法教材，开展教学实验，是我国近代教学论学科的重要开拓者。1920年5月，国立南京高等师范学校扩充为国立东南大学。1923年7月，国立北京高等师范学校改为国立北京师范大学，这是我国成立的第一所师范大学。此后，其他国立高等师范或改为普通大学或并入普通大学。虽然独立的高等师范院校几近消亡，但我国大学的教育系科却获得了进一步的发展。1929年7月，国民政府公布《大学组织法》，其中规定："大学分科改称学院，并于文、理、法、农、工、商、医原有七学院而外加一教育学院。"[①] 同年8月，教育部公布了《大学规程》，规定："大学教育学院或独立学院教育科分为教育原理、教育心理、教育行政、教育方法及其他各学系，大学或独立学院之有文学院或文科而不设教育学院或教育科者，得设教育学系于文学院或文科。"[②]依据这一规程，北京大学、中央大学、武汉大学、四川大学、河南大学、浙江大学、暨南大学、安徽大学、东北大学等全国十几所国立大学和大夏大学、齐鲁大学、金陵大学、南开大学、燕京大学、厦门大学、东吴大学、辅仁大学、复旦大学等十几所私立大学与教会大学均开办教育系，普通教学法和各科教学法成为必修科目。这说明教学论学科在高等教育体系中的地位得到认可。在教学论蓬勃发展的同时，课程论在20世纪20年代也逐渐成为一个新兴的研究领域。

---

① 教育部中国教育年鉴编审委员会编：《第一次中国教育年鉴丙编》，开明书店出版社1934年版，第11页。
② 刘捷、谢维和：《栅栏内外——中国高等师范教育百年省思》，北京师范大学出版社2002年版，第101页。

30 年代出版的教育学著作也已经把课程或课程论作为教育学的一个重要组成部分，与教学论或教学方法并行研究。如当时比较有影响的著作中：罗廷光著《教育概念》（上海世界书局 1933 年版），将课程和教材作为单独的部分论述；孟宪承编《教育概论》（上海商务印书馆 1933 年版），把课程和教学分别作为不同的章节；胡忠智编《教育概论》（北平文化学社 1934 年版），已分列课程论（教育工具）、教学论（教学方法）。① 同时期，中山大学、中央大学、复旦大学、湖南大学、云南大学、桂林师范学院、贵阳师范学院、东北大学、北京大学、北平师范大学、燕京大学等院校的教育系都将课程论列为选修科目。② 总之，民国中后期，课程论作为教育学一门独立的分支学科得到了重视，特别是对小学课程教材的研究不逊于当时作为热点的教学法和教授法研究。我国课程论学科已具雏形，并得到教材研究和课程史研究的有力支持，初步展现了课程论研究的辐射力。③

为了推进教学论研究的科学化，一些师范大学和国立大学还成立教育科学学术研究机构，聘请专门人才，开展教学法研究。如：1928 年，国立中山大学成立了国内高校中最早的"教育学研究所"。④ 随后，国立北平师范大学、国立中央大学、国立西北师范学院、燕京大学等高校也都相继成立教育学研究所。这些教育学研究所秉承"研究教育学术，培养师资及教育行政人才，辅助教育事业之改进"的宗旨，开展教学论研究，开设教学法课程，出版教育期刊杂志，培养教学法研究人才，成为传播、推广和研究教学论学科知识的重要机构，在近代教学论发展史上发挥了十分重要的作用。⑤

综上所述，20 世纪上半叶我国教学论与课程论从无到有，学科建制初步

---

① 张廷凯：《我国课程论研究的历史回顾：1922—1997（上）》，《课程·教材·教法》1998 年第 1 期。
② 史国雅：《课程论的研究范围及指导原则》，《山西教育科研通讯》1984 年第 2 期。
③ 张廷凯：《我国课程论研究的历史回顾：1922—1997（上）》，《课程·教材·教法》1998 年第 1 期。
④ 国立中山研究院教育研究所：《本所研究事业十年》，中山大学出版社 1937 年版，第 1 页。
⑤ 肖菊梅、肖朗：《教育"科学化"运动与近代中国教学论的发展》，《现代大学教育》2016 年第 3 期。

建立，在师资和人才培养、课程设置、学术研究等方面取得了一定成果，促成了中国现代教育学术的发展与繁荣。①

二

新中国成立后很长一段时间，由于政治运动的干扰和意识形态的影响，绝大多数高校的教育系科停办，教育学专业停止招生，教育学科的发展受到很大抑制，教学论、课程论的研究与学科建设遭受了很大冲击，"文化大革命"期间更是全面停滞。改革开放后，在一批前辈学者的开拓和努力下，教学论与课程论学科恢复并迅速发展，在高校获得了稳定的学科建制。其主要标志有：其一，系科与研究机构的普遍建立。20世纪80年代初，我国高师院校大多设立了"教学论（教学法）教研室"。1983年，教育部批准成立了"课程教材研究所"（与人民教育出版社合署办公）。此后，华东师范大学教育系和东北师范大学教育系也相继组建了"课程教材教法研究所"。这些专门研究机构的设立，意味着课程与教学论学科有了初步的组织建制。其二，研究生学位点的创建。1981年，我国恢复研究生学位制度，西北师范大学教学论专业获批博士学位授权点，北京师范大学、华东师范大学、西南师范大学等高校的教学论专业获批硕士学位授权点，教学论后备人才培养的平台开始确立。其三，专业学会的成立。1979年4月，中国教育学会成立，下设"教育学分会"。80年代初期，中国教育学会教育学分会举办多次教学论研讨会，密切了国内教学论研究者的联系与合作。1985年6月，中国教育学会教育学分会批准成立"教学论专业委员会"（全国教学论学术委员会），这标志着我国教学论研究者群体有了一个全国统一的学术组织。其四，专业学术刊物的创办。1981年，人民教育出版社（课程教材研究所）创办《课程·教材·教法》杂志。该期刊为我国课程与教学论学术领域的专业学术期刊，其创办为课程与教学论学科提供了学术交流和成果展示的重要平台。自改革开放至90

---

① 肖菊梅：《学术史视野中的近代中国大学教学论学科》，《高等教育研究》2016年第7期。

年代中期，我国教学论学科获得了快速发展，理论研究不断深入，人才队伍不断壮大，在高校学科建制不断巩固。与此同时，课程论学科也在迅速发展，在高校教育系科中开始有了独立的课程设置，拥有了一批相对稳定的研究队伍，产生了一批重要的研究成果，奠定了课程论学科发展的基础。

1997年，国务院学位委员会和国家教育委员会颁布新的《授予博士、硕士学位和培养研究生的学科、专业目录》，将教学论、课程论和学科教学论整合为"课程与教学论"，将其列为教育学一级学科之下的重要学科专业。学科专业目录的调整是高校学科发展和专业建设的重要契机。我国课程与教学论学科建设步入新的历史发展阶段，课程与教学论研究队伍不断壮大。新世纪以来，课程与教学论学科获得快速发展，学科建制不断巩固和完善。第一，组织、研究机构不断扩大。高师院校普遍设立课程与教学系、课程与教学研究所（院）、课程研究中心等组织与研究机构，凝聚了课程与教学论研究队伍，构筑了课程与教学论学科发展的新平台。第二，研究生学位点迅速扩张。伴随着高等教育的跨越式发展和招生规模的扩大，全国高师院校课程与教学论研究生专业学位点实现了快速扩张。目前，全国课程与教学论专业博士点已有30多个，硕士点超过130个，几乎所有的省属重点师范大学，还有一些省属师范学院和一些综合性大学都已开始培养课程与教学论专业的研究生。第三，专业学会日益壮大。1997年，中国教育学会批准成立全国课程学术委员会。近年来，全国课程学术委员会与全国教学论学术委员会协同并进，积极有为，协调组织，为我国课程与教学论学科的发展提供了重要动力，扩大了课程与教学论学科的社会影响力。

三

倘若从民国初年高等师范学堂开设教学法课程算起，课程与教学论学科在我国高校的发展已经历了近110年的历史了。历史是一面镜子。对学科的历史进行回顾和反思是一门学科不断进步的重要动力。任何一门学科的发展要以过去所提出的问题和积累的学术成果为出发点，研究课程与教学论学科的发展史实际上是积累课程与教学论知识的一种方式。对学科建设进行反思性研究，借鉴已有的历史经验，是新时代推动我国课程与教学论学科发展的必然要求。

改革开放后，在我国教学论研究兴起的过程中，已经有一些学者开始注重对教学论学科的历史总结和反思。1989年9月，《华东师范大学学报》（教育科学版）在第3期上刊登了李秉德与董远骞两位先生回顾教学论发展的文章，拉开了新时期对教学论学科进行反思的序幕。其中，董远骞先生撰写的长达2万多字的《一条曲折的路——教学论发展的四十年》一文，将新中国成立后我国教学论学科的发展划分为三个阶段——"建国初期（1949—1966）""十年动乱时期（1966—1976）""新时期（1976—1989）"。该文全面回顾了中华人民共和国成立后教学论40年所走过的曲折道路，提出了教学论研究的新课题，是系统反思我国教学论学科的奠基性成果。稍后，王策三先生相继发表了《我国十年来教学理论的进展》（1990年5月）和《教学论学科发展三题》（1992年10月）两篇论文，总结了改革开放以来我国教学理论发展的历史背景、基本情况，对教学展的现状、存在的问题和发展动向进行了讨论、解释和评价，为推动我国教学论学科的健康发展提出了有价值的建议。

世纪之交，我国课程与教学论研究趋向繁荣，理论体系不断完善，学术成果日益丰富。站在时代发展的历史节点上，回顾过去，总结经验，展望未来，为课程与教学论学科在21世纪的发展探寻正确的方向，就显得尤为迫切。为此，很多课程与教学论学者开展了大量的工作，做出了艰苦的努力，对改革开放以来我国课程与教学论研究的20年历史进行了系统、深入的研究，取得一批具有重要史料价值的学术成果。其中，代表性著作有：李定仁、徐继存主编的《教学论二十年（1979—1999）》（人民教育出版社2001版）和《课程论二十年（1979—1999）》（人民教育出版社2003年版），靳玉乐、李森等人撰写的《新时期中国教学论的进展》（西南师范大学出版社2001年版）。随着我国基础教育课程改革的推进，传统的课程与教学论体系在走向繁荣的同时也面临严峻挑战，"即便是煌煌百万言的世纪教学论总结，恐怕都未能改变教学论已陷于困境这样一个事实"①。这一背景下，以西北师范大学为主导的一批青年学者倾注了较大精力，围绕教学论学科的基本问题展开了热烈的学术争鸣，在《教育研究》《课程·教材·教法》《西北师大学报》（社会科学版）等期刊上发表了近百篇学术论文，总结了新时期我国教学论学科建设的基本经验，分析传统教学论的危机与困境，指出了传统教学论在理论框架、学科体系、研究方法等方面存在问题与弊端，并对现代教学论的未来发展提出了构想。

近两年，恰逢改革开放四十周年和中华人民共和国成立七十周年，回顾和反思历史又成为课程与教学论领域的一个重要学术话题。为此，中国教育学会教育学分会与所属的全国课程学术委员会、全国教学论学术委员以及相关高校开展密切协作，举办了多场以回顾和反思课程与教学论学科发展为主题的研讨会。如：2019年12月，河南大学承办了"中国教育学会教育学分会2019年度学术年会暨新中国成立70周年教育学发展与反思研讨会"；2018年12月，海南师范大学承办了"新时代·新起点·新发展——课程教学改革回顾与展望学术研讨会"；2018年10月，山西大学承办了"全国第二届教育学史论坛"。这些学术会议都将课程与教学理论的历史发展列为重要的讨论议题。藉由参会之机，一些学者就中华人民共和国成立尤其是改革开放以来我国课程与教学论研究的历程进行了回顾和梳理，并在会上进行了热烈的讨论，目前一批成果已经陆续刊登在《课程·教材·教法》《中国教育科学》等期刊中。

四

虽然近年来有关课程与教学论学科历史的研究成果几乎井喷式增长，但认真分析可以发现，其中绝大多数属于"学术史"的研究，即基于学术发展

---

① 石鸥：《新世纪拒斥这样的教学论——主流教学论困境的根源及其走出》，《湖南师范大学教育科学学报》2002年第1期。

史的视角对课程与教学理论的演进与历史脉络进行回顾。"学术史"是"研究之研究",它具有两个非常重要的价值:其一,是对"前代"学术史的继承。"现代"并非是对"传统"的简单拒斥和另起炉灶,而是用新的视角进行审视。课程与教学论在继承前代已有研究的基础上才能不断前进与发展,通过学术史的考察,能为课程与教学论的未来发展探寻新的出路。其二,是对"同时代"学术发展的推动。非常有意思的一个现象是,人们对学术史研究兴趣的高涨往往与时代面临重大转型的关头同步,显现出很多学者力图从学术史中汲取精神的动力和思想的源泉。学术史研究具有管窥时代思潮、领略治学风格、寻觅研究门径、推动学术创新的功能,这也充分体现出了"学术史研究的当代性"[①]。从这个意义上说,学术史的研究是推动学科理论持续发展的重要动力,应该成为课程与教学论研究者治学为文不可或缺的功课。

但是,学术史的研究毕竟不能代替学科史的研究。学科史研究不仅要研究一门学科的理论演进,也要考察一门学科在整个国家学科体制下的历史沿革,更要关注不同历史阶段上对学科体制发展产生深刻影响的一些重要学者和关键事件。我国课程与教学论学科在110年的发展中,经历了民国初期的兴起、民国中后期的发展、中华人民共和国成立后长达30年的停滞和改革开放40多年来的重建与繁荣等四个历史阶段。目前已有一些学者(侯怀银、肖菊梅、李艳莉等)从学科建制的视野出发,较为细致地考察了清末民国时期课程与教学论在高等师范教育体系中兴起的历程,勾勒出20世纪上半叶我国课程与教学论学科发展概貌,为本著作提供了有益的借鉴和启示。[②] 但总体来看,学界对我国课程与教学论学科发展的百年历程尚缺乏整体的把握,对不同历史阶段课程与教学论学科建制的很多重要史实也没有进行系统的梳理,

---

① 许明:《学术史研究的当代性》,《云梦学刊》2005年4期。
② 主要相关文献如:《民初高等师范学校教学论学科的建立与发展——以北高师和南高师为中心》(肖菊梅,2016)、《教育"科学化"运动与近代中国教学论的发展》(肖菊梅,2016)《民国时期大学教学论学科发展透视———以国立中央大学为个案》(肖菊梅,2018),《清末民初(1901—1915)教学论教材研究概述》《现代大学教育》(2016)《清末民初教学论的知识结构、特征及其影响——以教材文本分析为中心》(肖朗、肖菊梅,2013),《学术史视野中的近代中国大学教学论学科》(肖菊梅,2016)

甚至对一些为学科发展做出重要贡献的课程与教学论前辈学者都已经淡忘。忘记历史就意味着背叛，还原历史是为了开创未来。作为山东师范大学课程与教学论团队的成员，笔者近年来一直关注和思考课程与教学论学科的发展，并为此倾注了较多精力开展系统的研究。近年来，笔者和团队成员的相关研究成果陆续被《课程·教材·教法》《中国教育科学》《西南大学学报》（社会科学版）等期刊刊载，也引发学界一些同行的关注。本书的主体内容即由公开发表的一些学术论文补充、修改和完善而成。本书主要框架分为六章，分别涉及课程与教学论学科建制的六个方面——理论研究、平台构建、学科队伍、教材建设、人才培养和学术交流。在全书的结构安排上，各章主要内容在着力点上都有所不同，篇幅方面也并不均衡，似有"厚此薄彼"之嫌。在此需要特别说明的是，在百年发展的不同历史阶段，我国课程与教学论学科建制的六个方面并不是同步、均衡发展的。清末民国时期，课程与教学论学科处于起步阶段，学科自觉意识尚未形成，以学科体系建构为指向的理论研究尚未开始，组织建制主要依附于教育系科，常态化的学术交流机制也没有建立。其成就主要表现在两个方面：第一，我国高校吸纳了一批留学国外的专门从事教学法研究的专家，他们是我国最早的一批课程与教学论学科队伍。其次，翻译、引进和编著了数量颇为丰富的教学法（普通教学法、各科教学法）的著作和教材。因此，在全书内容的安排上，第一章、第二章、第五章和第六章并没有过多涉及清末民国时期这一阶段；第三章则用较多篇幅对 20 世纪上半叶我国教学法学者群体进行详细考察，透视我国课程与教学论学科发展史上第一批学者所做出的开拓性贡献；第四章也将清末民国时期我国课程与教学论教材建设的萌芽、发展与兴盛作为重点内容进行了详细的梳理，占了较大篇幅。

　　历史研究应该力求客观事实的再现，最大限度地还原历史的真实。学科发展史是客观的存在，历史研究虽然力求客观地描述历史，但历史叙述本身又很难避免主观性的存在，因为"一切历史著述都是主体化的历史"。学科史的撰写必然带有研究者自身浓厚的主观色彩，渗透着研究者个体的自我理解。由于身份、背景、资历、所属"学派"以及观察视角的不同，不同的研究者对我国课程与教学论学科历史阶段的划分、对学科发展状况的认识以及对学科建制标准的理解可能都会存在观点的分歧，甚至对于历史上前辈学者的学术成就和学术贡献的评判也会呈现明显的分野，不同学者眼中的学科史也并不完全吻合。虽然笔者花费较多功夫，开展了大量的研究工作，力图对我国课程与教学论学科的历史建制做了全景的描述，但由于视野的局限与功力的不足，尚有一些问题和史实没有深入的挖掘，所述 20 余万字或许未必能周全涵盖我国课程与教学论学科发展的历史，期许得到学界同仁的批评指正！

目 录
CONTENTS

第一章　课程与教学论研究的回顾与反思 …………………………… 1
　一　我国课程与教学论研究的回顾 ………………………………… 2
　二　课程与教学论研究的问题解析 ………………………………… 18
　三　我国课程与教学论研究的省思 ………………………………… 24

第二章　课程与教学论的学科平台建设 …………………………… 31
　一　系科的设置与发展 ……………………………………………… 31
　二　学位点的创办与建设 …………………………………………… 37
　三　专业学会的发展与壮大 ………………………………………… 43

第三章　课程与教学论的学科队伍建设 …………………………… 47
　一　20 世纪上半叶我国教学法专家群体 ………………………… 47
　二　改革开放以来课程与教学论前辈学者 ………………………… 55
　三　课程与教学论团队建设的实践探索 …………………………… 70

第四章　课程与教学论的教材建设 ………………………………… 87
　一　课程与教学论教材建设的孕育期 ……………………………… 88

二　课程与教学论教材建设的首次兴盛期 …………………… 91
　　三　课程与教学论教材建设的曲折发展期 …………………… 100
　　四　课程与教学论教材建设的重新起步期 …………………… 102
　　五　课程与教学论教材建设的多元发展期 …………………… 106
　　六　课程与教学论教材建设的未来思考 ……………………… 110

第五章　课程与教学论专业研究生的培养 ……………………… 115
　　一　研究生培养的起步 ………………………………………… 115
　　二　研究生教育的扩张 ………………………………………… 123
　　三　研究生教育的调整 ………………………………………… 126
　　四　研究生培养的问题 ………………………………………… 128
　　五　研究生论文的误区 ………………………………………… 130

第六章　课程与教学论的学术交流 ……………………………… 138
　　一　学术的泛政治化 …………………………………………… 138
　　二　学术交流的兴起 …………………………………………… 146
　　三　学术交流的扩大 …………………………………………… 149
　　四　学术交流的繁荣 …………………………………………… 153
　　五　学术交流的反思 …………………………………………… 157

主要参考文献 …………………………………………………… 163
附　　录 ………………………………………………………… 177
后　　记 ………………………………………………………… 187

第一章　课程与教学论研究的回顾与反思

清末民国时期是中国近代教学论与课程论学科创立和发展的时期。这一时期的教学论与课程论研究取得了显著成就，主要表现在以下三个方面：第一，初步确定了中国近代教学论的基本内容及构架，也已经包含了现代教学论的主要内容。第二，学科教学论受到重视，并初具规模，为其日后发展成独立的分支学科奠定了基础。第三，课程作为一个研究领域开始独立出来，初步形成了完善的学科框架。① 新中国成立后，我国弃绝已经建立的多元教育学术传统，彻底地转向，开始全盘照搬和学习苏联的教育学，中断了教学论与课程论学科发展的连续性。"文化大革命"十年间，我国教育事业遭受了前所未有的破坏，教育教学工作陷入混乱之中，教育学领域中断了，教学论研究也停滞了。

改革开放以来，我国课程与教学论学科快速发展，学术队伍逐渐壮大，理论研究不断深入，研究成果日益丰富。然而，课程与教学论学科在蓬勃兴旺的同时也桎梏缠身，积聚和滋生了诸多结构性问题。课程与教学论研究者对此当有切肤之感，有必要对40多年来课程与教学论研究的历程进行系统梳理，深入剖析所存在的问题，以探寻学科未来发展的共识。

---

① 肖朗、肖菊梅：《清末民初教学论的知识结构、特征及其影响——以教材文本分析为中心》，《中国社会科学战线》2013年第1期。

一 我国课程与教学论研究的回顾

一门学科的发展离不开理论研究的支撑。理论研究是推动课程与教学论学科发展的重要动力。依据学科发展过程中所呈现的不同特点，改革开放以来，我国课程与教学论的研究历程大致可分为以下三个阶段。

（一）学科框架的初建（20世纪70年代末至90年代初）

党的十一届三中全会后，伴随思想解放的进程，我国高等教育秩序逐步恢复，一批研究者开始摆脱政治干扰和意识形态羁绊，从思想禁锢中逐渐摆脱出来，以高涨的学术热情投入课程与教学论研究，课程与教学论学科焕发了蓬勃生机。

1. 国外现代教学理论的引介与评述

重新学习西方教学理论与教学思想，引进最新研究成果，是课程与教学论学科恢复发展面临的首要任务。很多研究者对国外教学研究的现状和教学理论的进展表现出较高的兴趣，对美国、苏联和东欧等历史上曾对我国产生特殊影响的一些国家的教学理论动态，则更为关注。[1] 这一时期引荐和介绍较多的国外教学理论有：苏联赞科夫的"教学与发展"的理论，巴班斯基的"教学过程最优化理论"，苏霍姆林斯基的"全面和谐发展"的教学理论，德国克拉夫基和瓦·根舍因的"范例教学"理论，保加利亚洛扎诺夫的"暗示教学法"，美国布鲁纳的"结构主义"教学理论，布卢姆的"掌握学习"理论，奥苏贝尔的"有意义言语接受学习"理论，罗杰斯的"人本主义"学习理论，班杜拉的"社会学习"理论等。[2]

在国外教学理论的引进和传播方面，影响最大的当属人民教育出版社和教育科学出版社陆续出版的多套成体系的国外教育名著。其中，人民教育出版社从1981年开始，陆续编译和整理了历史上30多位著名教育学家和心理

---

[1] 王策三：《我国十年来教学理论的进展》，《高等师范教育研究》1990年第2期。
[2] 汪刘生：《试论我国教学论研究的进展》，《中国教育学刊》1995年第4期。

学家的重要著述，出版了一套至今仍具有广泛影响的"外国教育名著丛书"（共44册）。教育科学出版社也组织一些学者对苏联教育理论进行翻译和整理，推出了一套涵盖20世纪苏联教学论思想的"苏联教育经典译丛"。同期，国内其他出版社也相继组织翻译了一系列国外教育经典名著，涵盖了近代以来国外课程与教学论学科的经典之作（参见表1-1），是学习和研究课程与教学论所必需的基础性文献。此外，一批"文化大革命"期间停办的教育学术刊物重新发行，新的教育杂志也陆续创刊[①]，载发了大量有关国外教学理论的新成果，对不同流派的教学论思想进行了广泛介绍和评述，促进了教学理论的传播和普及，为一线教师的理论学习提供了便利。

表1-1　　　1991年之前国内翻译出版的国外主要课程与教学论著作

作者	著作名称	出版社	翻译者	出版时间（年）
[苏]赞科夫	《和教师的谈话》	教育科学出版社	杜殿坤	1980
[古罗马]昆体良	《雄辩术原理》	华中师范大学出版社	任钟印	1982
[苏]巴班斯基	《论教学过程最优化》	教育科学出版社	吴文侃	1982
[美]布鲁纳	《教育过程》	文化教育出版社	邵瑞珍	1982
[苏]苏霍姆林斯基	《帕夫雷什中学》	教育科学出版社	赵玮等	1983
[美]莫里斯·L. 比格	《学习的基本理论与教学实践》	文化教育出版社	张敷荣	1983
[捷克]夸美纽斯	《大教学论》	人民教育出版社	傅任敢	1984
[苏]苏霍姆林斯基	《给教师的建议》（修订版）	教育科学出版社	杜殿坤	1984
[苏]赞科夫	《教学与发展》	教育科学出版社	杜殿坤、张世臣	1985

---

① 在引进和介绍国外教学理论方面，尤以1972年创刊的《外国教育资料》（2001年更名为《全球教育展望》）和1982年公开发行的《外国教育研究》杂志影响较大。

续表

作者	著作名称	出版社	翻译者	出版时间（年）
[苏]巴班斯基	《中学教学方法的选择》	教育科学出版社	张定璋、高文	1985
[英]丹尼斯·劳顿	《课程研究的理论与实践》	人民教育出版社	张渭城等	1985
[苏]斯卡特金	《中学教学论——当代教学论的几个问题》	人民教育出版社	赵维贤等	1985
[美]布卢姆	《布卢姆掌握学习论文集》	福建教育出版社	王钢等	1986
[美]布鲁姆	《教育评价》	华东师范大学出版社	邱渊等	1987
[日]伊藤信隆	《学校理科课程论》	人民教育出版社	邢清泉等	1988
[德]赫尔巴特	《普通教育学·教育学讲授提纲》	人民教育出版社	李其龙	1989
[美]乔治·A.比彻姆	《课程理论》	人民教育出版社	黄明皖	1989
[美]泰勒	《变化中的教育评价概念》	安徽教育出版社	王世清等	1989
[英]劳伦斯·斯坦豪斯	《课程研究与课程编制入门》	春秋出版社	诸平等	1989
[美]约翰·D.麦克尼尔	《课程导论》	辽宁教育出版社	施良方等	1990
[英]菲利浦·泰勒	《课程研究导论》	辽宁教育出版社	王伟廉等	1990
[美]保罗·D.埃金	《课堂教学策略》	教育科学出版社	王维成等	1990

2. 传统教学思想的整理与研究

中外教育史在我国教育学科中曾经占有突出地位，学术力量雄厚，研究基础较好。当时教育学界活跃着一批中西方学养深厚的教育史学家，如毛礼锐、沈冠群、陈学恂、滕大春、陈景磐、王承绪、张瑞璠、赵祥麟等。他们大多出生于民国之前，20世纪30年代接受了高等教育，有一些还留学国外并获得博士学位。他们以高度的使命感与责任感，潜心教育史研究，组织一批学术骨干对中西方教育思想进行了系统梳理，编写了一系列具有较高学术价值的教育通史、专题史，选编了一些颇具史料价值的教育论著选和教育家文选，对传统教学思想的整理做出了开拓性贡献。① 教育史和比较教育领域也有一批相对年轻的学者，如王炳照、郭齐家、孙培青、单中惠、熊明安、徐仲林、黄学溥、戴本博、吴式颖、吴文侃、杜殿坤、任钟印、夏之莲等。他们多出生于20世纪二三十年代，中华人民共和国成立前后大学毕业，从事教育史研究与教学。他们对中西方传统教育思想的形成、发展和演变进行了详细梳理，对各种教育理论流派、教育思潮及其基本特征等进行系统归纳和分析，精编了多部中外教育思想通史和断代史，翻译出版了一批外国教育经典论著，极大扩展和丰富了对传统观教学思想的研究。② 还有80年代末成长起来的一批青年学者，从中国古代教育思想的源头进行开掘，对古代教育家的教学思想演进脉络进行了深入剖析，汇聚成当时一批颇具学术功力的教育史领域的博士学位论文和专著。③ 可以说，教育史学科对教学思想的梳理与研究助推了新时期教学论学科的发展，为后续研究提供了重要的方法论借鉴。

教学论学科的起步较教育史稍晚，对传统教学思想的研究要滞后一些。不过，随着教学论学科的分化和研究力量的壮大，教学论界对传统教学思想的讨论和研究也开始深入。值得一提的是，在思想文化领域"拨乱反正"运动的鼓舞下，理论界一度兴起了对传统教学思想重新评估的热潮。为此，一些高等院校召开了专门的学术研讨会，组织了不同学科领域的专家学者参与，

---

① 毛礼锐、沈冠群主编《中国教育通史》（共6卷）和滕大春主编的《外国教育通史》（共6卷）影响巨大，两套通史巨著由山东教育出版社2005年出版。
② 王炳照等人主编的《中国教育思想通史》（共八卷）（湖南教育出版社）和吴式颖、任钟印主编的《西方教育思想史》（湖南教育出版社）影响最大。
③ 代表性的博士论文与著作有：《先秦法家教育思想研究》（姚能海，1988）；《先秦儒道教育思想比较研究》（丁钢，1988）；《先秦两汉人性论与教育思想研究》（廖其发，1989）；《程朱学派教育思想研究》（黄书光，1989）；《朱熹与南宋教育思潮》（于述胜，1991）。

对古代教育家的教学思想进行集中研讨①。一些教学论研究者对古代教育家的教学思想进行了系统梳理与分析，对传统教学思想、教学原则、教学方法、教学艺术等进行深入阐释和探讨，在期刊上发表了大量的学术论文。在此基础上，一些教学论学者对中西方教学思想史进行了系统整理，对中国古代经典文本中蕴藏的教学思想进行了深入挖掘，陆续出版了一批各具特色的教学思想史著作和教材。

3. 教学论范畴的探讨与体系建构

除引进国外教学理论以及对传统教学思想进行梳理和研究之外，探讨教学论学科基本范畴和完善教学论的理论体系也是当时教学论学科建设的重要任务。

一门成熟的理论学科，必须由在概念内涵和外延上都具有共识的范畴来保证。没有学界一致认可的概念与范畴，就很难有成熟的学科理论体系。教学论学科的一些基本概念和范畴是构成教学论学科体系大厦的基石，是教学论学科生命体的细胞。80年代中期以来，很多研究者对一些教学论的基本范畴进行了集中探讨，如教学目标、教学系统、教学主客体（师生关系）、教学设计、教学规律、教学原则、教学模式、教学评价、教学艺术等。其中，教学主客体的关系问题一度成为学术争鸣的焦点问题。早在20世纪50年代，教育学界就曾围绕"教师是否应该起主导作用"展开争论，并在《文汇报》上发表了一系列争鸣文章。改革开放后，随着对凯洛夫教育学批判的开展，很多研究者不满足于过去"教师主导、学生主动"的主流观点，相继提出了"教师主体论""学生主体论""双主体论"等几种代表性观点。随着思考和讨论的深入，人们对师生关系的认识也逐渐超越了主客体二元对立的思维模式，相继提出了"三体说""复合主客体说""过程主客体说""层次主客体说""主客体否定说"等。这些观点此起彼伏，辩驳质疑，绵延不断，成为我

---

① 如华南师范大学1984年12月就曾召开"孔子教学论学术讨论会"，全国高等院校教育史和教学论领域50多名学者参会，对孔子教学论思想在中国古代教学论体系中的地位、孔子教学论思想中的辩证法以及孔子教育心理思想等问题展开研讨。参见陈汉才《我校召开孔子教学论学术讨论会》，《华南师范大学学报》（社会科学版）1985年第1期。

国教学论学术繁荣的一道亮丽景观。

4. 课程论研究的兴起

1978年，华东师范大学邵瑞珍在《外国教育资料》发表了《布鲁纳的课程论》一文，拉开了我国研究国外课程论的序幕。"课程论"这一术语又开始重新被我国学者使用。1981年，《课程·教材·教法》创刊号发表了戴伯韬撰写的《论研究学校课程的重要性》一文，提出要把课程论作为教育学中的一门重要的分支学科，这是我国新时期把课程论作为独立学科建设的最早呼唤。该刊在同年出版的第2至第4期中又相继刊登了陈侠的《课程研究引论》、叶立群的《中小学课程设计的三个问题》、刘英杰的《中小学课程设置的几个问题》等文章，这些论著堪称我国课程论重建时期的奠基性文献。①

随着理论研究的兴起，课程论在我国高等院校也有了初步的学科建制。1984年起人民教育出版社陈侠研究员先后应邀在河北大学、贵阳师范学院、辽宁师范大学、哈尔滨师范大学、西北师范学院、广西师范大学等院校做课程论的专题讲座。同年，华中师范大学廖哲勋也在教育系给研究生及部分四年级本科生用英语做课程论专题讲座，并从这一年起开始给教育系各专业的三年级本科生系统讲授课程论，这是中华人民共和国成立后大学把课程论作为专门学科的开始。②

（二）学科内容的丰富（20世纪90年代初至21世纪初）

进入20世纪90年代，新的科学技术迅猛发展，自然科学与社会科学都出现了高度综合又高度分化的趋势，相关学科之间相互渗透、互相影响，极大地促进了各门学科研究的深入，各种交叉学科、边缘学科也在不断涌现。与现代科学发展的总趋势一致，我国课程与教学论学科也出现了高度综合与分化的局面，由一门单一学科逐渐发展成为一个庞大的、分支众多的学科群（见表1-2）。这一时期，学界也开始关注和更加自觉地反思教学论研究中存

---

① 侯怀银、谢晓军：《20世纪我国学者对课程论学科建设的探索》，《课程·教材·教法》2008年第1期。

② 孙宽宁、徐继存：《我国课程论教材建设90年：反思与展望》，《课程·教材·教法》2012年第12期。

在的问题,对教学论发展的困境展开了热烈的讨论,催生了一些新的研究主题与研究热点。①

表1-2　　　　　　　　　教学论学科群的分布

划分依据	教学论学科群
学段	学前教学论;小学教学论;中学教学论;大学教学论;成人教学论
学科内容	教学目标论;教学系统论;教学模式论;教学设计论;教学方法论;教学环境论;教学原则论;教学评价论;教学认识论;教学知识论;教学实践论;教学实验论;教学艺术论
学科领域	语文教学论;数学教学论;外语教学论;物理教学论;化学教学论;生物教学论;地理教学论;音乐教学论;美术教学论;体育教学论
与其他学科的交叉	教学哲学;教学心理学;教学社会学;教学管理学;教学文化学;教学伦理学;教学技术学;教学美学;教学病理学

1. 教学论学科基本问题的探讨与反思

教学论学科发展过程中存在诸多基础性的理论问题尚不清晰,譬如教学论的学科性质、研究对象、基本特征、学科基础、学科生长点、研究方法论,等等。很多研究者为此倾注了大量精力,进行了持续、深入的理论探讨,发表了一系列商榷文章②,增进了对教学论学科特性的理解,开阔了教学论研究视野。

随着基础教育改革的快速推进,既有的教学论学科已不能适应我国基础教育和教学实践的发展,因此对教学论研究现状进行批判和反思的声音也愈来愈强烈。很多研究者有意识地参与学术讨论,对教学论研究的历史进行梳理,对教学论发展存在的困境进行分析,呼吁教学论研究范式的转变,倡导

---

① 汪刘生:《我国教学论研究发展态势与反思》,《高等师范教育研究》1995年第1期。
② 20世纪90年代中后期,《教育研究》杂志用多期刊登了一系列争鸣文章,就教学论学科的基础性理论问题进行了研讨。代表性的论文有:《论教学论》(王嘉毅、李秉德,《教育研究》1996年第4期);《对教学论学科性质、地位与研究对象的再认识》(田慧生,《教育研究》1997年第8期);《现代教学论的概念、性质及研究对象》(蔡宝来、王嘉毅,《教育研究》1998年第2期);《也谈现代教学论的概念、性质及研究对象——与蔡宝来、王嘉毅商榷》(李瑾瑜、徐继存,《教育研究》1998年第12期)。

形成独特的教学论话语、开放教学论的边界和建立现代开放的教学论体系。[①] 经过这些反思性研究，研究者更加关注思维方式和研究方法上存在的问题，促进了教学论研究范式的转型，也引发了人们对教学论未来发展方向的理性探索。

通过丰富的历史反思，一些习以为常的教学论命题开始遭到质疑，缠绕在教学理论中的意识形态束缚逐渐被剥离，根深蒂固的本质主义思维方式也开始动摇，研究的科学化和方法的多样性已经成为很多教学论研究者的自觉追求。

2. 教学理论与教学实践关系的持续争论

教学理论日益丰富和走向繁荣的同时，在实践中却不断遭受冷遇和无奈，这就是人们常常诟病的"教学理论脱离教学实践"问题，即教学理论与教学实践"两张皮"现象[②]。这一问题在教育学中是"多年煮不烂的老问题"，像一把达摩克利斯之剑一样一直悬在教育理论研究者头上。改革开放初期，很多教育学术期刊开辟专栏，专门展开讨论。[③] 90年代中后期，教学理论与教学实践的关系问题也逐渐上升为教学论学术研讨的一个焦点话题。经过长时间的学术争鸣，虽然仍存在诸多观点的分歧，也没能从根本上解决"理论脱离实践"的问题，但人们至少由此对教学理论的性质有了更科学的认识，对"理论脱离实践"的实质有了更清晰的把握，对教学理论向教学实践转化的可能性、前提、条件以及路径等诸多问题也都有了更深刻的理解。[④]

[①] 代表性的理论成果有：《我国教学论学科建设与发展》（裴娣娜，1998）；《走向现代化的教学论——90年代我国教学论的进展与反思》（汪刘生，1998）；《现代教学论学科建设问题探讨——西北师大教学论博士学术论坛》（1998）；《教学论研究与发展的困境、盲点和误区》（张广君，1998）；《教学理论反思与建设》（徐继存，2000）；《教学论学科建设问题的回顾与展望笔谈》（李秉德、李定仁、徐继存等，2000）；《我国教学论研究的进展与走向分析》（李定仁、徐继存，2001）；《新世纪拒斥这样的教学论——主流教学论困境的根源及其走出》（石鸥，2002）；《教学论的困境与出路》（魏新民、蔡宝来，2002）。

[②] 李秉德：《教学理论与教学实践"两张皮"现象剖析》，《教育研究》1997年第7期。

[③] 譬如，《教育研究》杂志曾在1991年第5期开辟了"教育理论与实践"专栏笔谈，并连载7期，发表了一系列争鸣文章，引发了教育学界对教育理论与实践关系讨论的热潮。

[④] 王鉴：《教学理论与实践关系研究20年：从定位到联盟》，《教育理论与实践》2001年第4期。

而且，在经历了对教学理论与实践关系的持续探讨后，教学论研究者也更加自觉地反思自身认识论的局限，对教学论研究方式进行了反省与批判，尝试建构新的教学论研究方法论。1985年召开的全国首届教学论学术会议，就把教学论研究方法作为教学论理论体系建设的一个重要专题展开研讨。有学者在会议上提出，"教学论研究要走出书斋，运用多种研究方法，广泛、多种形式、多方面、多层次地开展调查研究和教学实验"①。此后，连续三届全国教学论学术年会都将教学论研究方法列为大会议题。可以说，通过对教学论研究方法的系统思考，人们对教学论的理论反思逐渐深入，对教学论本性的认识也日趋深刻。②

3. 课程理论研讨和学科体系建构

课程问题的深入研究是从对课程理论的"元问题"——课程本质的探讨开始的。课程本质规定着课程研究的方法论取向，是课程论研究的逻辑起点，因而常常被认为是"课程论的中心问题"。课程本质说到底是"课程是什么"的问题，因为人们一般是通过定义来解释和表征本质的。但是，课程究竟是什么，不同的历史时期、不同学者都会有不同的认识和解答。中华人民共和国成立后，受苏联教育学体系的影响，教育学界曾把课程看作学科或学科的综合，对课程与教学的关系没有进行清晰的辨析和澄清。80年代，一些课程研究者（陈侠、廖哲勋等）较早对课程本质进行了思考和探讨，对"课程是学科"这一传统认识提出了质疑。即使是学科课程论者，也认为学科只是课程的一部分和一种含义，课程不仅包含学科，同时包含其他各种活动，还有对内容的安排及其进程。于是，有学者（吴杰，1986）提出了"课程是学校

---

① 唐文中、赵鹤龄：《全国教育学研究会教学论专业会议讨论情况》，《教育学文集·教学（中）》，人民教育出版社1988年版，第662页。

② 这一时期出版的有关教学论研究方法论方面的代表性著作是《教学研究方法论》（王嘉毅，1997）；发表的代表性论文有：《现代教学论研究方法发展趋势》（阎水金，1986）；《向着科学化的目标前进——试述近十年我国教育研究方法的演进》（叶澜、陈桂生、瞿葆奎，1989）；《试论苏联现代教学论研究的基本方法论原则》（高文，1991）；《论教学过程本质——兼论教学论研究中的方法论问题》（赵惇仁，1993）；《教学论研究的理论思考》（汪刘生，1994）；《跨世界的思考——教学论学术研讨会综述》（郭道明，1995）；《中国传统教育现代化发展的方法论思考》（裴娣娜，1995）；《我国教学论方法的反思与前瞻》（徐继存，1997）；《教学本质追问的困惑与质疑——兼论教学论研究思维方式之变革》（徐继存、赵昌木，2002）。

学科及其安排和进程或学校教学内容及其进程安排的计划"的基本观念。这种认识打破了学科本位的课程观念，丰富了人们对课程内涵的理解。90年代以后，研究者对课程本质的认识有了进一步拓展，主流的观点是把它看成旨在使学生获得的教育性经验及其计划，"是一种系统知识、经验，而不是一种目标体系；是一种预设的、有意的安排，而不是静态的客体"[1]。针对课程定义混乱的现象，有学者主张放弃用一个精确的定义涵盖课程本质的想法，认为目前就要得出一个精确的并为大家所认同的课程定义既不现实，也不可能。对待现存各种课程定义的一种合适方式，就是仔细考察人们是如何使用课程这一术语以及这些术语的实际含义。施良方对西方课程本质认识中的六种学说"课程即科目""课程即活动""课程即学习结果""课程即学习经验""课程即社会改造""课程即社会文化再生产"进行了词源分析，剖析了每一种学说背后的哲学认识和价值预设。[2] 的确，迄今没有一种课程定义可以使所有的课程学者都感到满意，也没有任何一种定义是不可改变的，因为各种不同的定义反映着不同的课程本质观，同时也反映着人们对学校、学生、知识和社会的认识及其发展变化。经过对课程本质问题的集中研讨，人们深化了对课程本质的认识，推进了课程理论的深入，研究者继而对课程设计、课程编制、课程管理、课程评价、隐性课程（潜在课程）、活动课程、综合课程等概念和范畴进行了较系统的思考，取得了开拓性的研究成果，出版了一批有较大影响的课程论专著和教材（见表1-3）。

表1-3　　2000年以前我国出版的代表性课程论著作与教材

编著者	教材名称	出版社	出版时间(年)
《外国教育丛书》编辑组	《教学与课程》	人民教育出版社	1982
王伟廉	《课程研究领域的探索》	四川教育出版社	1988

---

[1] 李臣之：《试论活动课程的本质》，《课程·教材·教法》1995年第12期。
[2] 施良方：《课程理论——课程的基础、原理和问题》，教育科学出版社1996年版，第2—10页。

续表

编著者	教材名称	出版社	出版时间(年)
陈　侠	《课程论》	人民教育出版社	1989
钟启泉	《现代课程论》	上海教育出版社	1989
廖哲勋	《课程学》	华中师范大学出版社	1991
吕　达	《独木桥？阳关道？——未来中小学课程面面观》	中信出版社	1991
钟启泉	《国外课程改革透视》	陕西人民教育出版社	1993
瞿葆奎	《教育学文集·课程与教材》	人民教育出版社	1993
吕　达	《中国近代课程史论》	人民教育出版社	1994
靳玉乐	《现代课程论》	西南师范大学出版社	1995
白月桥	《课程变革概论》	河北教育出版社	1996
施良方	《课程理论——课程的基础、原理和问题》	教育科学出版社	1996
靳玉乐	《潜在课程论》	江西教育出版社	1996
任树纲、张同善	《大课程的理论和实践》	人民教育出版社	1996
田慧生、曾天山	《中小学课程教材改革与实践》	四川教育出版社	1997
黄甫全	《阶梯型课程引论》	贵州人民出版社	1996
李　臣	《活动课程研究》	教育科学出版社	1998
陈扬光	《课程论与课程编制》	福建人民出版社	1998
单　丁	《课程流派研究》	山东教育出版社	1998
汪　霞	《国外中小学课程演进》	山东教育出版社	1998
钟启泉	《课程设计基础》	山东教育出版社	1998
吴永军	《课程社会学》	南京师范大学出版社	1999
郝德永	《课程研究方法论》	教育科学出版社	2000
张　华	《经验课程论》	上海教育出版社	2000

这一时期，学界对课程本质思考的同时，也有意识地进行课程论学科体系的建构。课程论学科的定位问题一度成为研究者关注的焦点，引发了学界激烈的讨论和争鸣。我国教育学界曾将课程视为教学内容，因而"大教学论观"一直是主流观点。随着对课程论思考的深入，课程论与教学论的关系也开始重构。有学者开始提出了两者"互相独立和互相分离"的新观点，主张"课程与教学：教育实践的两个领域""课程论与教学论：现代教育学的两个分支"。[①]"互相独立论"的观点也具有一定的代表性，引发了一些课程研究者的质疑。随着课程改革的进展，有课程学者认为应该树立"大课程论"观，将教学论视为"大课程论"之下的一个分支。[②] 事实上，仅仅从本位主义的立场出发，纠缠于课程论、教学论"谁大谁小"的争论，并没有多少实质意义，应该把课程论和教学论作为两个并行的学科领域，分别加以研究。1997年，国务院学位委员会、国家教委对我国的研究生学科专业目录重新调整，在所公布的新目录中将"课程论"与"教学论"合并成"课程与教学论"，列为教育学学科下属的二级学科。由此，我国课程与教学论学科进入了一个新的发展时期。

（三）研究取向的分化与多元（21世纪初至今）

随着新一轮基础教育课程改革大规模展开，课程与教学论学科视野更加开阔，开辟了一些新的研究领域，新课程的理论与实践逐渐成为这一时期最受关注的研究课题。

1. 学科基础的拓宽与理论成果的快速引进

新世纪以来，跨学科的思考和研究成为推进新世纪课程与教学论发展的重要动力，课程与教学论领域不断引入新的学科理论。除了社会学、民族学、人类学、民俗学、文化学、伦理学、政治学、生态学、语言学、信息科学等，科学哲学、过程哲学、知识社会学、政治哲学、后现代主义、现象学、解释

[①] 刘要悟：《试析课程论与教学论的关系》，《教育研究》1996年第6期。
[②] 黄甫全：《大课程论初探——兼论课程（论）与教学（论）的关系》，《课程·教材·教法》2000年第5期。

学等也成为阐释教学现象和进行教学理论研究的重要视角。当代一些著名的哲学家、思想家如波普尔、怀特海、舍勒、柏林、罗蒂、海德格尔、伽达默尔等人的学术思想为国内课程与教学研究者所关注，成为开展课程与教学论研究的重要学术资源，开阔了课程与教学论研究的理论思维，丰富了课程与教学理论的话语。教育科学出版社选取20世纪80年代以来特别是90年代以后的世界课程与教学理论名著，组织人员翻译、出版了一套"世界课程与教学新理论文库"（24册）。华东师范大学出版社也相继推出了"当代教育理论译丛"（19册）、"影响力教育理论译丛"（21册）、"21世纪人类学习的革命译丛"（9册）等系列丛书。这些丛书涵盖了新世纪以来西方教育学术界的新进展和新成果，是学习和研究当代西方课程与教学理论不可或缺的重要文献。

表1-4　　2000年后课程与教学论领域出版的代表性译作

作者	著作名称	出版社和出版时间	译者	出版时间(年)
[美]小威廉姆·E.多尔	《后现代课程观》	教育科学出版社	王红宇等	2000
[英]霍尔姆斯·麦克莱恩	《比较课程论》	教育科学出版社	张文军、吴文侃	2001
[巴西]保罗·弗莱雷	《被压迫者教育学》	华东师范大学出版社	顾建新等	2001
[美]莱斯利·P.斯特弗	《教育中的建构主义》	华东师范大学出版社	高文、徐斌艳	2002
[美]艾斯纳	《教育想象——学校课程设计与评价》	教育科学出版社	李雁冰	2003
[加]马克斯·范梅南	《教学机智——教育智慧的意蕴》	教育科学出版社	李树英	2003
[美]阿兰·A.格拉索恩	《校长的课程领导》	教育科学出版社	单文经	2003

续表

作者	著作名称	出版社和出版时间	译者	出版时间(年)
[加]马克斯·范梅南	《生活体验研究:人文科学视野中的教育学》	教育科学出版社	宋广文等	2003
[日]佐藤学	《课程与教师》	教育科学出版社	钟启泉	2003
[美]威廉·F. 派纳	《理解课程》	教育科学出版社	张华	2003
[美]帕克·帕尔默	《教学勇气》	华东师范大学出版社	吴国珍	2005
[美]威廉·F. 派纳	《课程:走向新的身份》	教育科学出版社	钟启泉、张华等	2005
[德]克罗恩	《教学论基础》	教育科学出版社	李其龙等	2005
[美]坦纳著	《学校课程史》	教育科学出版社	崔允漷等	2006
[美]大卫·阿姆斯特朗	《当代课程论》	中国轻工业出版社	陈晓端等	2007
[美]迈克尔·W. 阿普尔	《意识形态与课程》	华东师范大学出版社	黄忠敬	2008

2. 学科范畴的拓展与教学模式研究的深化

在国外成果不断引进的同时，一些新的课程与教学论概念也进入研究者的视野。与"教学"相关的，有教学知识、教学哲学、教学价值、教学文化、教学智慧、教学生活、教学伦理、教学制度、教学决策、教学反思、教学领导、教学个性、教学自由、教学习惯、教学技术等；与"教师"相关的，有教师专业化、教师成长、教师文化、教师信念、教师实践知识、教师话语、教师伦理、教师行动研究等；与"课程"相关的，有课程整合、课程规划、课程领导、课程文化、课程制度、课程理解、课程创生、领悟课程、协商课程、生态课程等。针对这些新的学科概念，很多理论研究者花费了较大精力，开展学理的分析与理论建构，发表了数量庞大的学术论文，出版了一批课程与教学论专著。

在新课程改革过程中，学界除了继续深化对主体性教学模式的研究，还对交往教学、活动教学、合作教学、目标教学、发展性教学、个性化教学、差异性教学、创造性教学、反思性教学、探究教学、体验教学、对话教学、理解教学、生本教学等展开探讨和研究（见表1-5）。这一时期，新课程改革的实践也诱发了基础教育对教学理论的需求，推动了教育出版市场的发展与繁荣。

表1-5　　三十年来出版的有关各类教学模式的代表性著作

编著者	著作名称	出版社	时间(年)
卢仲衡	《自学辅导心理学》	地质出版社	1987
李吉林	《情境教学实验与研究》	四川教育出版社	1990
黎世法	《异步教育学》	当代中国出版社	1994
朱宁娜	《活动教学论》	江苏教育出版社	1996
裴娣娜	《发展性教学论》	辽宁人民出版社	1998
邓志伟	《个性化教学论》	上海教育出版社	1998
段继杨	《创造性教学通论》	吉林人民出版社	1999
熊川武	《反思性教学》	华东师范大学出版社	1999
王　坦	《合作学习:原理与策略》	学苑出版社	2001
华国栋	《差异教学论》	教育科学出版社	2001
和学新	《主体性教学论》	甘肃教育出版社	2001
郭思乐	《教育走向生本》	人民教育出版社	2001
靳玉乐	《探究教学论》	西南大学出版社	2001
田汉族	《交往教学论》	湖南师范大学出版社	2002
邱学华	《尝试教学论》	教育科学出版社	2005

3. 新课程理论的探讨与新课程改革问题的研究

1999 年，教育部公布了《中共中央国务院关于深化教育改革全面推进素质教育的决定》，新一轮基础教育课程改革开始酝酿和启动。学术界围绕新课程标准、新课程的基本理念以及新课程实施等问题展开了持续的研究与讨论，增进了人们对新课程基本理论的认识。

第一，新课程标准与基本理论问题。在新课程标准形成和完善过程中，课程论学者与各学科领域专家广泛参与，进行了深入的理论思考和实证研究，开展广泛的研讨，参与制定各学科标准的征求意见稿；很多研究者和一线教师也积极参与，开展调查研究，提交咨询报告，积极建言献策，为新课程标准的完善与修订做出了重要贡献。在新课程的实施过程中，课程与教学论研究者围绕新课程的基本理念、价值目标、教师角色、师生关系、学生观、知识观、学习方式、课程实施、课程管理、课程评价、课程资源开发等问题，进行了全面的解读和阐释，出版了一系列新课程研究丛书，普及了新课程理念与知识。①

第二，新课程实施与新课程改革问题。2001 年，随着《义务教育阶段课程标准（实验稿）》的公布，全国 38 个国家级实验区开始了新课程改革的实验。之后，改革实验区逐渐扩大。到 2005 年，全国所有义务教育阶段学校的起始年级均进入新课程实验。这标志着义务教育阶段的新课程改革全面展开。理论研究者围绕校本课程、综合实践活动课程、课程资源开发与利用、课程管理与课程规划、新课程教学方式、新课程评价等问题积极开展理论探讨和调查研究，出版了大量学术论文、专著以及专题研究报告。当然，新课程改革在推进过程中也不可避免地遭遇了诸多问题与障碍，不少人对新课程改革

---

① 出版比较早、影响比较大的著作有：钟启泉等主编：《为了中华民族的复兴，为了每位学生的发展——〈基础教育课程改革刚（试行）解读〉》（华东师范大学出版社 2001 年版）；朱慕菊主编：《走进新课程——与课程实施者对话》（北京师范大学出版社 2002 年版）；人民教育出版社 2003 年出版了一套"新课程改革研究丛书"，包括《新课程改革的理念与创新》（靳玉乐）、《新课程设计的变革》（张廷凯）、《新课程与课堂教学改革》（张天宝）、《新课程学习方式的变革》（任长松）、《新课程中的教师角色和教师培训》（黄甫全）、《校本课程开发理论与案例》（徐玉珍）、《综合实践活动课程开发》（李臣之）、《新课程评价的理念与方法》（丁朝蓬）等。

的理论基础、指导思想、改革方向等产生一些质疑,并对新课程改革中出现的偏差进行了批评,表达了对新课程改革前景的担忧,引发了不同派别之间激烈的学术论战。①

总之,新课程改革虽然已取得阶段性成就,但仍存在一些难以破解的困惑与问题,改革仍"在路上",仍需要不断摸索和突破,新课程改革将会是研究者持续关注的研究课题。

二 课程与教学论研究的问题解析

多年来,课程与教学论学科在繁荣的背后却一直难以摆脱尴尬的境地——日益膨胀的知识未能有效地提升课程与教学论的学科地位,各种蔑视和贬低课程与教学论学科的声音一直不绝于耳。我们研究者孜孜以求,为学科发展付出了巨大努力,但这并没有使课程与教学论学科赢得更高的学术地位和尊严。追根究底,这是由于我们追求的学科发展一直是知识论意义上的,是"知识导向"的。

(一) 理论研究的"知识导向"

"知识导向"就是以提供新的理论知识为学科发展目标,以构建学科体系为导向,以纯粹思辨和抽象演绎为研究方法的一种研究范式。

1. 建构知识的目标取向

任何一门学科在发展过程中都蕴含着知识积累和知识创新的内在需求,能否提供新的"增量知识"也是衡量一门学科是否发展的重要标志。自成为独立学科之后,很多课程与教学论学者就一直把探求知识作为学科研究

---

① 详见王策三《认真对待"轻视知识"的教育思潮——再评由"应试教育"向素质教育转轨提法的讨论》(《北京大学教育评论》2004年第3期);钟启泉、有宝华《发霉的奶酪——〈认真对待"轻视知识"的教育思潮〉读后感》(《全球教育展望》2004年第10期);王策三《关于课程改革方向的争议》(《教育学报》2006年第6期);钟启泉《概念重建与我国课程创新——与〈认真对待"轻视知识"的教育思潮〉作者商榷》(《北京大学教育评论》2005年第1期);查有梁《新课程改革需要"软着陆"》(《教育学报》2007年第2期)。

的重要目标。三百年来，教育学界在课程与教学知识的探求上所取得的成就有目共睹，这集中体现在夸美纽斯、赫尔巴特、杜威、布鲁纳等一批教育家对教学与人的发展问题的探索中，体现在他们所提出的经典课程与教学理论之中。毫无疑问，课程与教学活动作为一项社会活动，有自身内在的知识与规律，这些知识和规律虽然不像自然科学那样具有普遍性和确定性，但若由此否认其相对真理性，不仅是对人类认识能力的无知，也是一种荒唐的"不可知论"。不断建构和创新知识对促进课程与教学论学科发展和成熟起了至关重要的作用，学者为此付出真诚的努力也是值得赞赏的。课程与教学论知识的创新应该是真正的知识进步、知识贡献，而不是虚浮绚丽的名词更迭。在课程与教学论学科发展史上，新的概念层出不穷，纷繁变幻，但只要不自欺欺人，就必须承认，其中有很多概念看起来"外表光鲜"，而实际上"内理不清"，它们多是人们主观臆造的，是虚无缥缈的，多来自我们想象的世界，而不是现实的教学世界。20世纪初，迪尔凯姆面对当时社会学概念混乱的现象曾进行深刻的批判，"在社会学讨论中，一些不明不白的概念仍然不断地出现。人们自以为这些名词有确切的定义，非常符合事物本身，殊不知它们经常使用的概念是一些含糊的概念，是与感情、成见、空洞的印象等不加区别地混合为一体的观念"[①]。多年来课程与教学论学科出现的一些纷繁炫目的概念，也往往是含混不清的，没有经过科学的检验。课程与教学论倘若建立在如此混乱的概念基础之上，其知识体系是经不起逻辑推敲和实践验证的，所构建的学科也不可能实现真正的知识积累和创新。

2. 符合论的致思方式

求知是人类的本性，但求知的方式不同，就会形成不同的认识论。传统认识论以追求确定性知识为主要特点，认为求知就是人类对外部世界的静观和探究，认识与事实相符，则揭示了事物的本质，这样的认识是确定

[①] [法]埃米尔·迪尔凯姆：《社会学方法的规则》，胡伟译，华夏出版社1999年版，第19页。

性知识，是真理。① 近现代以来，在自然科学迅猛发展的历史洪流中，这种符合论的致思方式逐渐成为人类主流的认识论范式，日益渗透进社会科学各领域，一些"社会科学家"也开始以自然科学为榜样，试图在社会科学领域寻求普遍、确定的知识。很多课程与教学论研究者用这种思维进行思考和研究时，也往往倾向于将课程与教学当作一种客观"实体"来看待和研究。他们相信，只要充分运用自己的理性，进行真诚的思考，就可以层层剥离课程与教学这个实体，认清课程与教学活动的本质，揭示课程与教学活动的规律、方法。这种思维方式也与波普尔所批判的社会科学研究中的"历史本质主义"有同样的思维逻辑。著名历史学者朱学勤曾对其进行过生动地批判，"他们（历史本质主义者）能够在纷纭繁杂的历史事实中抽得出一根发展线索，依此排列组合，找到历史发展的普遍规律。尤其重要的是，历史将在整体上，而不仅仅是在局部范围内能够认识，因而也就能够把握，能够预测。黑格尔式的历史本质主义对思想史家而言，几乎是一种职业诱惑。越是优秀的思想家，越难摆脱这种诱惑"。② 长久以来，我们一些课程与教学理论工作者也常常陷入同样的职业偏向：他们躲进"书斋"，执迷于对课程与教学本质的追问和规律的探求，陷入纯粹的理论思辨；他们把全部精力耗费在编织绚丽的学科理论之网，经常对简明的概念进行过度的理论阐释，以致造成文字符号的泡沫四溢，最终遮蔽对课程与教学实践的清醒认识和判断。

3. "集体性"的知识生产

几十年来，社会科学领域中的知识生产方式发生了深刻变革，个人的知识探究活动经学术制度的安排，越来越成为成一种集体性的知识生产和再生产活动。布迪厄曾对此进行过深入描述，"任何时候的任何社会，都要精心提出一套被视为合法性的社会问题。这些问题是合法正当的，值得大家互相争辩、讨论，有必要公之于众，成为公众关心的问题，有时官方还加以认可，

---

① 张世英：《进入澄明之境》，商务印书馆1999年版，第22页。
② 朱学勤：《五四思潮与八十年代、九十年代》，《现代与传统》1995年第1期。

使之正规化，并在某种意义上要由国家来加以保证。具体来说，有些问题被交给官方授权的高级委员会加以考察；或者多少更直截了当地交给社会科学家自己，这样做的方式也有许多，比如各种各样的科层命令，科研项目，资助规划，合同，授权，赞助等等"[1]。特别是，我国社会科学研究正处于一个"自上而下"的"知识规划"时代——通过国家"研究项目""人才计划""学科建设""职称评定""大学改革""筹备资助"和"刊物等级"等名义及其相应的制度安排而兑现的"知识规划"时代。[2] 当前课程与教学论学科也同样被纳入到这种知识生产体系中，具有了"集体性知识生产"的特性，就必然存在着不以学科本性为依凭，而仅从某种官方意识形态、政策甚至长官意志出发而制定的规划为依凭的研究方式。在特殊的政治历史时期，课程与教学论学术研究亦步亦趋地跟从政治场域，学科发展丧失了应有的自主性，成了政治的注脚，学科理论也蜕变为"政策解说"。毫无疑问，这种研究范式所产生的学科理论知识并不是研究者完全独立研究的结果，而是"行政规划"和"集体生产"的结果，被深深地打上了意识形态的烙印。"行政规划"与"集体生产"的知识在很大程度上剥离了研究者自身的个性、经验等主观因素，呈现在读者面前的往往只是一些抽象的概念和理论，自然会是枯燥乏味、令人生厌的。

（二）"知识导向"的原因追溯

1. 学科专业化的确立

课程与教学论研究拘泥于知识论框架，究其原因，首先与学科自身的专业化有极大关联。在古代教学实践中，人们积累了丰富的教学认识和思想，但这些认识与思想往往是零散的、不系统的，没有摆脱经验主义束缚；而且由于教育与知识只是少数人的专利，对教学的思考也只是少数人的事情，因此专门、系统的教学论知识也没有产生。近代以来随着教育学科不断发展和

---

[1] P. Bourdieu and L. Wacquant, *An Invitation to Reflexive Sociology*, Chicago: University of Chicago Press, 1992, pp. 236–237.

[2] 邓正来：《知识生产机器的反思与批判》，《西南政法大学学报》2004年第3期。

分化，才出现了作为一门学术的教学论。从学科创建的历史来看，教学论朝着独立方向发展可以追溯至 17 世纪，捷克教育家夸美纽斯著的《大教学论》（1632）被视为近代第一本教学论专著，标志着教学论具备基本的学科雏形。19 世纪后半叶，教学论开始在各国师范教育体系内获得了学术性学科的地位，成为一个独立、稳定的研究领域，大学讲坛里开始出现以讲授和研究教学理论为职业的教学论学者。至此，教学论已经完全专业化了。教学论学者成为一个相对独立的职业群体，从事教学论研究成为他们的生存方式，学科制度的完善也为他们过上相对安逸的生活和潜心从事专业研究提供了基本的物质保障。教学论研究从此不再只是一种自发的活动，而是有意识的专攻；不再只是出于个人的兴趣爱好，而成为一种专门的职业了。[1] 一些教学论学者开始躲进象牙塔，远离了现实课程与教学实践，他们在纯粹的理论思辨中，将教学论研究当成一种与自身教学实践无关的纯粹的知识生产活动了。

2. 现代学科体制的规训

近现代以来，学术研究特别是人文学科日益被纳入体制化的轨道。如前所述，在"知识规划"时代，学术活动已不完全是个人纯粹的智性活动，而是一种"集体性"的知识生产和再生产活动。政治性权力以及由它所确定的学术制度安排是"知识规划"时代所具有的最为根本的特征，它日益控制和主宰着当今人文学科包括教育学术研究。学科体制和学术体制不仅会影响我们的知识生产方式，还会型构我们知识产品的具体内容。从事课程与教学论研究的学者深陷学科体制内，他们从以学科研究为主业，逐渐沦为学术研究领域的"技术工人"，进行"知识生产"似乎成为其主要追求，理论探求不再作为一种内在的兴趣，而仅仅是一种谋生的手段。更有甚者，他们将课程与教学论知识的生产异化为一种"码字"活动，通过转换成论文和著作换取必要的劳动报酬和升职机会。由此以来，学术研究就与企业经营、商业生产没有本质区别，追求数量成为研究的唯一导向，复制和批量生产也就顺理成章，课程与教学论的文章可以越来越多、越来越长，但真正的理论知识却没

---

[1] 徐继存：《教育学研究：意义与觉醒》，《教育科学研究》2009 年第 5 期。

有增加和进步。

3. 科学主义研究范式的注入

17世纪以来，人类经历了一场伟大的科学革命，自然科学作为人类理性的鲜艳花朵，光彩夺目，展现出前所未有的魅力。由于受科学主义思潮的影响，人文社会科学竞相模仿、移植、借鉴自然科学的概念和方法，有力地促进了自身的迅速发展。著名科学史家 W. C. 丹皮尔在《科学史及其与哲学和宗教的关系》一书中写道："在最近一百年或一百五十年中，人们对于自然的宇宙的整个观念改变了，因为我们认识到人类与其周围的世界，一样服从相同的物理定律与过程，不能与世界分开来考虑，而观察、归纳、演绎与实验的科学方法，不但可应用于纯科学原来的题材，而且在人类思想与行动的各种不同领域里差不多都可应用。"[①] 在科学主义成为主流思潮的背景下，很多哲学家也成为科学知识的热忱崇奉者。在他们看来，"科学才是确切可信的知识"，哲学由于缺乏确定性，只能算作认识，不能称为知识。18世纪以来，教育学逐渐从哲学母体中分化出来，很多教育家也深受科学主义思潮的影响，力图使教育学成为系统和科学的学问。赫尔巴特最早提出了建立"科学教育学"的理想，但当时的心理学主要是形而上思辨的产物，还不足以支撑起教育科学的大厦。19世纪后半叶，运用科学范式进行教学论研究成就比较突出的有费舍尔、拉伊、梅伊曼、桑代克等人。费舍尔在1964年出版的《量表手册》一书中提出了评估包括书写等主要科目在内的智力和知识的量表，他还把统计学方法引入教育学。拉伊和梅伊曼提出了教育学的研究对象是事实，应该建立起一门实验教育学，运用实验研究方法对教学现象进行研究。美国心理学家和教育学家桑代克也主张用实验、观察的方法对教学进行定量研究，用心理学量表来测验，对教学和学习过程进行实证研究，直接推进了实验教育学流派的发展。总之，上述教育家努力用自然科学方法对教育学进行研究，也强化了教学论学科对确定性知识寻求的信念，教学论研究日益陷于知识论框架。

---

① [英] W. C. 丹皮尔：《科学史及其与哲学和宗教的关系》，李珩译，商务印书馆1975年版，第283页。

三 我国课程与教学论研究的省思

回溯课程与教学论学科走过的道路,审视发展的现状,必须清醒地认识到,当前我们的研究在认识论和方法论上仍然存在诸多疑惑,亟须理性的澄清和真诚的自我反思。

(一) 课程与教学论研究的审思

1. 本质探求抑或实践观照

长期以来,课程与教学理论界时而沉寂、时而热烈的一个话题,就是对"本质"问题的讨论。探讨和追问本质一度成为课程与教学论研究的主要内容和推动学科深化的重要动力。探讨与追问课程与教学的本质,属于"形而上"的部分,它试图解决的主要问题,是课程与教学的"本体存在",也即"课程与教学究竟是什么"的问题。

课程与教学本质的探讨兴起于特殊的时代背景,源于理论自身发展的内在逻辑。首先,改革开放后,课程与教学论学科面临重建和发展,对本质的探讨是正本清源,重新回到科学轨道的必然要求。课程与教学理论要从僵化、封闭的思维桎梏中解放出来,就要尊重客观规律,而对本质问题的思考,可以为学科的发展做好思想和理论上的准备。其次,学科理论发展也依赖最基本的学科范畴和概念体系。四十年多来,课程与教学理论界耗费相当多的精力致力于课程与教学本质的探讨,这是课程与教学论学术自身发展的内在需要。在本质主义思维影响下[①],一些课程与教学论研究者热衷并习惯于从本质假定出发,抽象出相应的理念、原则、方法、模式……最终演绎和建构出一

---

① 石中英认为,本质主义作为一种信仰本质存在并致力于本质追求与表述的知识观和认识论路线,是近代以来西方许多哲学流派,包括那些相互冲突的哲学流派共同信奉的知识观和认识论路线,本质主义对20世纪中国教育学研究的影响有一个由小到大、由点到面、由弱到强的历史过程,逐渐在中国教育学术界占据了支配地位(石中英:《本质主义、反本质主义与中国教育学研究》,《教育研究》2004年第1期)。

套相应的课程与教学论体系。这种研究范式一旦被后来的研究者沿袭下来，就会获得明显的社会遗传性，在很大程度上支配着他们的研究工作。课程与教学理论界在关于"主客体关系""主体性教学"以及"教学与生活的关系"等问题的探讨中都不同程度地渗透和折射出这种思维方式。应该说，这种思维方式有一定价值，对学科体系的建构有着一定的意义，是课程与教学论研究得以不断深化的重要动力。同时，这种研究方式能揭示课程与教学的应然状态，阐述论证课程与教学的必要规范，引领课程与教学实践走向一种理想的状态。

但如果课程与教学论研究者将本质探讨视为理论研究的唯一目的和追求，就会偏执于纯粹理论的建构，就会在研究中陷入以下误区。其一，沉湎于理论的演绎与文字符号的操作，把学术研究视为书斋里的"劳作"，在逻辑思辨和纯学术的建构中远离教育现实。其二，沉溺于纯粹的本质探求和理论建构，造成理论工作通常所犯的"职业毛病"：为追求理论"深度"和"美感"，对简明事实进行过度阐释，遮盖了事物的本来面貌。其三，弱化对现实世界的使命感和责任感。当前，一些研究者在进行理论建构时，"既不探其实，也不究其根，结果使得各种本来值得深入研究、仔细推敲的课程与教学理论成了'争奇斗艳'的时装表演"[①]。一旦把课程与教学论研究误解为纯粹理论与文本的操作，在开展工作时就可能会进行"投资"与"效益"的利益计算和权衡，就会更乐于在已有文献基础上进行文本的归纳和整理。而不屑于做第一手的调查、实验和研究。

经过以上讨论与反思，我们至少应该明确，课程与教学论不只是一门理论学科，更是一门应用学科，其目的不只是为了建立一套逻辑严密的理论体系，更在于实现对实践的改造，为现实课程与教学提供服务。课程与教学论要实现对实践的指导和改造，首先必须关涉实践。实践是理论产生的源泉，真正的理论只能在关注实践的过程中产生，也只有在规范、指导

---

① 徐继存、李定仁：《我国教学理论建设存在的问题及反思》，《教育理论与实践》2001年第8期。

和促进实践发展的过程中才能得到提升和改造。课程与教学理论的产生从根本上应遵循一种归纳逻辑，也即"实践逻辑"，遵循从个别到一般、从现象到本质、从个性到共性的思维方法。如果脱离了课程与教学实践，所建构的理论体系即使再高深，也不过是虚幻的空中楼阁。研究者必须从当下课程与教学实践中考察、归纳和总结，从自身的经验、体会和感受中提炼、生发和升华，从与自身已有的理论资源互渗、交织和共振中才能创造出崭新的理论。作为一个伟大的教育实践者，苏霍姆林斯基基于自身的理论素养，把自身在教学实践中的感悟和体验用一种充满理性和人性色彩的理论向世人展示出来，深情地表达了他对教学实践的思索、理解。可以说，没有其丰富和大量的教育实践，就没有他教学思想的产生。"实践感"是研究者进行理论积淀和创生的前提，实践感的缺乏则会从根本上制约理论问题思考的真实性，制约研究者的思维逻辑是否符合实践逻辑。

对实践的观照，更是课程与教学论研究者学术良知与责任感的内在要求和体现。只有怀有学术的良知、真诚与责任来从事研究，才会以严谨的学术态度来规范自己的行为，而不是以"游戏"和"玩世不恭"的心态来对待自己的工作；才会对其怀有一种神圣感，而不致陷于道德虚无主义。真正的理论研究者会把观照实践看成是研究工作的一部分，他会从对实践的观照和探索中获得心智的满足和精神的愉悦。胡塞尔曾说过，他不想教诲，只想引导，只想表明和描述他所看到的东西，"我将尽我的知识和良心首先面对我自己，但同样也面对大家来讲话……"[1] 我们课程与教学论研究者是否也有勇气面对自我，并进行真诚的考问：我的研究是经由我的真实体验和感受吗？我的表达是经过自己长期思考的吗？我的思考是真诚而不是虚妄的吗……理论自身发展的逻辑和现实的呼唤，都要求研究者从纯粹的理论抽象中脱身出来，走进课程与教学实践。当前，课程与教学理论界一直在呼唤本土理论流派的诞生，这是我们的美好期盼。然而仅有良好的愿望是不够

---

[1] ［德］胡塞尔：《欧洲科学危机和超验现象学》，张庆熊译，上海译文出版社1988年版，第21页。

的，还需要课程与教学论研究者的共同努力，需要我们积极投身于当前课程与教学改革的洪流中。

2. 指导他者抑或完善自身

不少研究者可能会认为，课程与教学理论研究的价值主要在于为实践提供有效的指导和规范，是纯粹"为他"服务的。倘若以此心态从事研究，研究者势必会把自身"超度"出去，将理论研究当成与自身实践提升无涉的活动了。

课程与教学理论能提供一种"局外"的视野，帮助实践者超越"当局"思维的羁绊和狭隘视域的限制，审视、完善和改造自身的实践。课程与教学论研究还能够启迪、唤醒实践者的主体意识，促使其对当下课程与教学现实进行反思和批判，形成自身的课程与教学认识，从而更好地完善、更新和改造自身的实践。在承认理论研究对实践者有一定指导作用的同时，我们还必须认识到这种作用是相对的，而不是绝对的；是有限的，而不是无限的。理论研究者未必是真理和规律的占有者，我们至今也不能断定有"放之四海而皆准"的真理。任何课程与教学论研究都基于一种特殊的实践场域；任何一种课程与教学理论都有自身适用的条件和范围，而不具有普适性。实践活动是个别的、具体的，任何一种外在理论对于特定情境中的实践者来说，都不具有必然的适用性和合法性，都必须首先经过本人的审视和认同，才能产生价值和意义。课程与教学论研究对实践者的作用只是启示而非启蒙，是启发而非教导，是指导而非指挥；其扮演的角色只是帮助者或伙伴，而绝非他们的导师。因而课程与教学理论研究者要想对实践者有所助益，就必须摒弃启蒙者和真理占有者的心态，和实践者进行平等的对话和交流，在共同的交往中达成双方的视域融合，而绝不可越俎代庖，企图把自己的理论变成他者的实践。

虽然理论对实践者的作用是有限的，但并不能因此而贬低理论研究本身的价值，更不能漠视和否认其对研究者自身的意义。因为无论以何种方式参与课程与教学实践，课程与教学理论研究者都必须是实践的当事者，而不可能置身事外，做实践的旁观者。我们在编纂相关教学指导材料，提出相关教学建议和策略并试图对实践进行指导时，就应该利用自身已有的理性认识和研究成果，去完善和提升自身的实践，达到理论与实践的统一。课程与教学论研究者是理智健全的行为主体，有相当的理性认识能力和自我完善能力，指导和完善自身的实践活动不仅是可能的，而且是现实的。陶行知、苏霍姆林斯基的教学理论在现实中之所以具有如此大的魅力，就在于他们运用已有的认识反哺自身的教学实践，体现认识与实践的统一、知与行的统一，更彰显了课程与教学论研究自身的内在价值和意义，也体现了真正的教育学者学术研究的最高境界。

3. 集体合作抑或个体探究

由于"规模效应"所产生的诱惑，当今人文学术研究似乎开始进入"集体合作"的时代，课程与教学论研究从课题的选择、研究的进程到成果的展现形式，也都越来越呈现出"集体合作"的特点。不可否认，学术研究确实离不开合作，课程与教学论研究同样也离不开同行之间的密切合作。课程与教学实践的场域在某种程度上具有共通性，实践者的感受和体验也会存在很大的相通性，这是课程与教学论研究者能够进行合作与交流的基本前提。研究者之间通过平等的对话、深入的探讨和密切的交流，可以实现双方视角的互补、思维的碰撞和观念的冲击，彼此借鉴的同时修正和完善自身的观点，这也体现了研究者双方合作的价值和意义。当今课程与教学论强调对实践的关注，重视大规模的实践调查和实证研究，越来越离不开集体的合作。需要指出，课程与教学论研究的合作不是庸俗的合作，不是简单的利益交换和商业"合作"，而是学术层面的合作，是学术的交往、对话和互助。庸俗的"合作"会影响理论研究的应有品性，不利于学术共同体健康学术氛围的培养和形成。课程与教学论研究者之间的合作是相对的，不是绝对的。双方在某些问题上可能不会达成一致，但这并不违背合作的主旨，因为合作的目的不仅是为了达成双方观点和立场的统一，也是为了实现双方的互补和有益的交流。其实，课程与教学论研究主要是一种个体理解活动，每个研究者都有各自不同的价值观、知识背景以及经验感受，对课程与教学问题的思考、理解必然会呈现出较大的个体差异，从而影响其观点和思想的形成。因而，课程与教学论研究不能被视为一种纯粹的知识生产活动，而应该视为研究者个体思想和智慧的独特展现过程。

当今学术管理体制日益严密，为学者提供了维系生存和职业发展的必要保障。完全脱离和超越体制，既不可能也不现实。我们在与现有体制保持必要合作的同时，必须坚守自身的独立性与自主性，高度警惕体制化给学术研究带来的消极影响。正如米尔斯所告诫的，"如果社会科学家的个人研究依赖于科层组织，他会丧失其个人自主性；如果社会科学包含科层式的研究，它会丧失其社会和政治自主性。"[1]

（二）课程与教学论研究的自省

课程与教学论作为一门人文学科，不是由纯粹的理性知识构成的，不是靠坐在书斋里就能抽象和演绎的。课程与教学论研究不能从教材和概念出发，不能仅仅诉诸纯粹的理性观念，还应该依靠研究者的教育体验。这种体验一方面是从认知浸入生命生活本身，另一方面又是对生命生活的省察体会[2]。由教育体验积累而成"阅历"（Erlebnis），成为课程与教学论研究者理论认识起点。课程与教学论研究者不断丰富教育体验，在反思自我的过程中会逐渐产生个人化的理论思考，形成自身独特的课程与教学思想。学习者在研读课程与教学理论的过程中，借助于自身已有的教育体验，课程与教学论知识所呈现出来的就不再是干瘪乏味的概念，而是真实鲜活的教育世界；不再是抽象深奥的理论，而是一种感同身受的实践智慧。可以说，课程与教学论的研习，不是静态意义上的认识论过程，而是知、情、意身心整体介入的践履过程。课程与教学论具有"体用不二"的特点——它不是做给别人看的"为人"之学，而是提升自身人格修养的"为己"之学。那种把课程与教学理论看作是经过系统学习就能掌握的观点，是片面错误的。当前课程与教学论研究者迫切需要摆脱知识论框架的束缚，努力从抽象的理论世界中脱身出来，关注自

---

[1] ［美］C. 赖特·米尔斯：《社会学的想象力》，陈强、张永强译，生活·读书·新知三联书店2005年版，第115—212页。

[2] 尤西林：《人文科学导论》，高等教育出版社2002年版，第48页。

我的生活经验和教育体验。社会学家米尔斯曾言,"作为一名社会科学家,你必须捕捉你所体验到的东西,然后整理得条理分明;只有如此,你才有希望利用它们来引导、检验你的思考,并在这个过程中把自己训练成治学有方的学者"①。作为研究者,要想真正获得课程与教学论的智慧,形成自己的课程与教学思想,就必须在理论探索中融入个人的经验和体验,并持续不断地审视它、解释它。

随着课程与教学论学科体制的确立,课程与教学论研究成为一种可以谋生的活动,很多学者因此成为依靠理论研究而生存的职业群体。作为"从业者"的课程与教学论研究者,如果不对自身的职业心态进行认真反省,就很容易将自身从业的目的理解为纯粹的知识生产,并从中获得物质回报,这就误解了课程与教学论研究的真正意义,忘却了自己所应担负的学术使命,势必会阻碍课程与教学论学术发展。

学者既是一种职业,也是一种生活方式。人文学者的生活方式应该是"枯燥""寂寞"的,而非"光鲜""荣耀"的,在身体和精神上应该是"深居简出"的。当下课程与教学论研究者迫切需要保持心态平静,就如同帕斯卡所说的信徒为信仰活着——"关注灵魂、关注精神的宁静,放弃自私,克服物欲,觉悟生命的意义"②。如果"你的预期目标是信仰,但你不知道通往目标的道路。你想要治愈无信仰的自己,寻找良方:向那些曾经像你一样迷惑或现在孤注一掷的信徒们学习。他们是你想要追随的指路明灯,他们曾经像你一样寻求过救助,现在都已治愈;因此追随他们,如他们一样开始信仰之路———就像他们一样信仰其教义去做的事(去教堂做弥撒等)。久而久之,这样的心灵修炼会让你相信其教义,且磨砺你的人生"③。在我们看来,学者心灵的自我修炼乃课程与教学论研究回归本性的必由之路。

---

① [美] C. 赖特·米尔斯:《社会学的想象力》,陈强、张永强译,生活·读书·新知三联书店2005年版,第115—212页。
② 徐继存:《教育学术的尊严》,《西北师大学报》(社会科学版)2010年第5期。
③ [英] 约翰·科廷汉:《生活有意义吗》,王楠译,广西师范大学出版社2007年版,第123页。

第二章　课程与教学论的学科平台建设

20世纪初至今，我国教育系科的发展的历史，大致可分成五个阶段[①]：第一阶段是萌芽期，从20世纪初至20年代；第二阶段是形成期，从20世纪20年代至40年代；第三阶段是整顿与调适期，从1949年至1965年；第四阶段是灾难化时期，从1966年至1976年；第五阶段是重建与发展时期，从1977年至今。改革开放以来，我国高等院校教育系科的设置日渐完备，课程与教学论专业学位点不断扩张，学术交流共同体开始兴起。随着学科平台的迅速拓展，我国课程与教学论学科体系逐渐完善，学术队伍日益壮大，学术成果空前繁荣。

一　系科的设置与发展

大学的系科设置是一门学科走向独立的重要标志。教育系科可理解为高等院校中按教育学科、教育学专业设置的教学、科研、行政组织，它既包括本科阶段招生的教育系科，也包括研究生阶段招生的教育系科。[②]

[①] 郑金洲：《我国教育系科发展史略》，《华东师范大学学报》（教育科学版）1999年第4期。
[②] 侯怀银、田英：《当前我国高校教育系科分布研究》，《高等教育研究》2016年第6期。

（一）初创与起步阶段（20世纪70年代末至90年代中）

课程与教学论学科的组织建设最初主要依托于教育（学）教研室。教研室是我国高等院校按照专业或课程设置的基层教学组织，其主要职能是负责组织和实施教学活动，开展教学科研及教师培养等工作。[1] 中华人民共和国成立后，我国高等院校学习苏联经验，进行管理体制改革，普遍建立了教育学研究指导组，后改为教学研究室。教研室在高等院校日常运行中发挥着重要作用，既能加强教学工作的组织性与计划性，发挥集体力量开展教学和科研活动，也能促进教师交流与合作，但这在"文化大革命"中一度废弛。

20世纪70年代末80年代初，随着教育学科在高等院校中的地位重新确立，很多师范院校设立了"教育科学研究所"（见表2-1），以加强教育科学研究。这些"教科所"的普遍建立，扩大了教育系科在师范院校的组织建制，汇集了大量课程与教学论研究者，他们积极开展理论研究，推进教改实验，在高等院校课程与教学论学科发展中发挥了重要作用。其中，对课程与教学论学科发展影响较大的有李秉德先生领衔的西北师范大学教育科学研究所和张敷荣先生领衔的西南师范大学教育科学研究所。

表2-1　　　　　1985年前我国设立教育科学研究所的师范院校[2]

成立时间(年)	师范院校
1958	陕西师范大学
1960	华东师范大学
1978	北京师范大学；西北师范大学；华中师范大学
1979	哈尔滨师范大学；山东师范大学
1980	天津师范大学

---

[1] 潘懋元主编：《高等教育学》，人民教育出版社1984年版，第141页。
[2] 《中国科学研究与技术开发机构要览》编辑委员会编：《中国科学研究与技术开发机构要览（第一卷）》，科学技术文献出版社1987年版，第318—321页。

续表

成立时间(年)	师范院校
1981	福建师范大学;沈阳师范大学
1983	上海师范大学;华南师范大学;辽宁师范大学;内蒙古师范大学
1984	西南师范大学;河南大学;江西师范大学;山西师范大学

为了加强课程研究和促成教材编写，教育部党组于1983年6月10日批准成立"课程教材研究所"。这是国内第一个以基础教育课程教材研究为宗旨的专业研究机构，与人民教育出版社合署办公[①]。"课程教材研究所"的成立也是课程与教学论学科发展史上的一件大事。该所通过举办专题研讨会，组织课程与教学论教材的研讨和编写，促进了研究者的交流和协作，成为引领我国课程论学科发展的重要组织机构，对高校课程与教材专门研究机构的设置起到了示范作用。

20世纪80年代是我国高等院校教育系科快速发展的时期，课程与教学论学科建制较早、影响较大的是华东师范大学。1980年6月，该校通过了《1980年至1990年十年规划纲要》，规定校行政领导管理体制将采取校、院、系三级制。同年10月5日，华东师范大学教育科学学院成立，院长由刘佛年校长兼任，副院长先后由瞿葆奎、金一鸣、孙殿林等担任。学院下设教育系、心理系、教育科学研究所、各系教学法教研室、现代教育技术研究所等机构。教育科学学院的成立，既能理顺内部机构关系，整合已有的资源，又能将全校的教育学科队伍组织起来，统一规划与领导，形成互相协作、分工明确的整体。1980年5月，在各系教学法教研室的基础上，教育科学学院设立了"中小学教材教法研究室"，原外语教育教学法研究室的章兼中担任研究室主

---

① 吕达、刘立德：《我国课程论重建的先驱者和奠基人——纪念陈侠先生诞辰100周年》，《课程·教材·教法》2015年第3期。

任。1984年9月组建了课程教材教法研究所①，这是全国高等院校成立的第一个专门研究基础教育课程、教材、教法的学术机构，拥有语、数、外、史、地、生、化等多学科的课程教材教法研究团队。1988年，东北师范大学教育系也设立了课程教材教法研究所，开展教学论学科与教学法研究。这些专门化教学与研究机构的设立，标志着课程与教学论学科在我国高等院校的组织机构开始壮大。

（二）发展与调整阶段（20世纪90年代末至21世纪初）

20世纪90年代中后期，随着课程论的兴起与发展，课程与教学论学科在高等院校的地位进一步巩固。

研究生学科专业目录既是对知识的一种划分，也是我国学科建设和研究生培养工作的基础。1997年，国务院学位委员会公布了新的《授予博士、硕士学位和培养研究生的学科、专业目录》，该目录是在1990年《授予博士、硕士学位和培养研究生的学科、专业目录》的基础上经过多次征求意见、反复论证修订的，是国务院学位委员会学科评议组审核学位授予学科、专业划分的依据。学位授予单位按本目录中各学科、专业所归属的学科门类，授予相应的学位。培养研究生的高等学校、科研机构以及各有关主管部门，参照本目录制定研究生培养计划，进行招生和培养工作。依据该目录，教育学一级学科设置"教育学原理""课程与教学论""教育史""比较教育学""学前教育学""高等教育学""成人教育学""职业技术教育学""特殊教育学""教育技术学"等10个二级学科。课程与教学论涵盖各学科的课程论、教学论，开始成为教育学中一个重要的二级学科。

世纪之交，随着高等教育的快速发展，高等院校内部组织结构和运行机制产生了新的变化，系科规模不断扩大，我国高等院校掀起了一次系科调整的高潮。高等院校普遍建立了学院这一中层组织机构，绝大多数高等院校的教育系更名为教育科学学院或教育学院，学科教研室则升格为系或研究所。

---

① 袁运开、王铁仙主编：《华东师范大学校史（1951—2001）》，华东师范大学出版社2001年版，第281—310页。

同时，武汉大学、北京大学、南京大学、吉林大学、天津大学、中国人民大学等一批综合性大学也都新成立了"教育学院"或"教育研究院"，下设"课程与教学系"或"课程与教学研究所"。

这一时期，华东师范大学课程与教学论学科也获得了长远发展。1998年，华东师范大学合并上海教育学院和上海第二教育学院，将原有教育科学学院进行了结构重组，课程教材教法研究所与比较教育研究所合并，组成了"课程教学与比较教育研究所"。为适应国家全面推进素质教育和基础教育课程改革的需要，1999年又成立了华东师范大学课程与教学研究所。该所被列为教育部首批人文社会科学重点研究基地，是华东师范大学的实体性研究机构，由钟启泉担任研究所所长。该所依托华东师范大学教育科学研究的优势，集中了国内外相关专业的研究人员，下设若干研究中心和研究室。研究人员拥有英语、德语、法语、俄语、日语、西班牙等语种优势，同时齐备了语文、数学、英语、综合理科、计算机、社会科等各学科的研究方向。华东师范大学课程与教学论学科经过整合，汇集了全校资源和力量，构筑了良好的发展平台，扩大了在全国的影响力。

（三）壮大与稳固阶段（21世纪初至今）

新世纪以来，随着我国高等教育的跨越式发展，一批师范专科学校升格为本科院校。目前我国超过200所大学设立了教育学院（教育系），课程与教学论学科因此具有了相对独立的机构设置，学科队伍进一步壮大。

为加快课程理论研究，推进基础教育课程改革，教育部于2000年在全国教育部六所直属重点高师院校设立了基础教育课程研究中心。随着新一轮基础教育课程改革的推进，全国又有十几所省级重点高师院校获批成立教育部基础教育课程研究中心。在各省教育厅推动下，全国一大批高师院校自行设立了基础教育课程研究中心。截至2009年，全国各类高校设立的课程研究中心（或"课程与教学研究所"）已经超过100个。这些课程研究中心（研究所）发挥高等院校社会服务职能，为基础教育课程改革提供咨询与指导，成为我国课程与教学论学科发展的新平台。

多年来，我国高等院校二级学院的设置过多、过细，影响了学科融合，不利于学科团队的组织。因此，高等院校管理体制改革成为教育界探讨的重点。2009 年，北京师范大学进行了大部制改革的尝试，经过充分调研、论证和筹备，在整合教育学院、教育技术学院、教育管理学院、首都基础教育研究院、教育部质量监测中心、农村教育与农村发展研究院、首都教育经济研究院等相关机构的基础上，组建教育学部①，下设教育基本理论研究院、国际与比较教育研究院、教育历史与文化研究院、教育技术学院、教育管理学院、课程与教学研究院、教师教育研究所、教育经济研究所、学前教育研究所（系）、特殊教育研究所（系）、职业与成人教育研究所、高等教育研究所、教育统计与测量研究所、教育心理与学校咨询研究所等 14 个实体性学术机构。其中，课程与教学研究院是全校课程与教学论二级学科人才培养、科学研究和社会服务的专门机构。这一改革对全国高师院校产生了积极的示范效应，西南大学、东北师范大学、华东师范大学、沈阳师范大学、广西师范大学、山东师范大学、天津师范大学、云南师范大学等相继成立教育学部，设立了课程与教学研究院（或课程与教学系）等学科组织机构，进一步凝聚了高师院校课程与教学论团队的实力。

此外，在课程改革推进过程中，为落实中央关于加强和改进教材工作的决策部署，搭建国家级高水平课程教材专业研究平台，做好课程教材建设专业支撑，根据中央机构编制委员会办公室有关批复，2017 年 12 月，教育部决定设立"课程教材研究所"。该所主要职责是组织开展课程教材建设重大理论和实践问题研究，为国家课程教材建设的决策提供咨询服务；参与拟定国家课程设置方案和课程标准，参与国家统编教材的编写和审查工作；监测评估国家课程的实施效果和教材的使用情况，为地方和学校课程教材建设提供咨询和服务等。

---

① 《北京师范大学教育学部成立》，《教育学报》2009 年第 4 期。

二 学位点的创办与建设

学科发展离不开人才的培养，研究生学位点承担着学科后备人才培养的重要责任。获得硕士、博士学位授予权是对一个学校学科水平的肯定，对于提升一所学校和一个学科在国内、国际的学术地位以及社会形象、社会影响力等都具有十分重要的意义。因此，获得硕士、博士学位授权就成为很多学校谋求学科发展的重要目标[①]。我国的学位授权审核制度是随着高等教育的恢复逐渐发展起来的，国务院学位委员会自1980年发布《中华人民共和国学位条例》以来，先后组织开展了十一批博士、硕士学位授权审核工作。经过四十多年的努力，我国的研究生教育得到了快速发展。根据全国学位与研究生教育质量平台2017年3月25日的数据，我国有学术学位授权点11751个，其中博士学位授权一级学科点2991个，博士学位授权二级学科点535个，硕士学位授权一级学科点5623个，硕士学位授权二级学科点2602个；专业学位授权点7552个，其中专业学位博士授权点139个，专业学位硕士授权点7413个。

（一）教学论专业学位点的初创

1980年2月，我国颁布并实施《中华人民共和国学位条例》，恢复和设立学位制度。12月15日至18日，国务院学位委员会第一次（扩大）会议在北京举行，通过了《国务院学位委员会关于审定学位授予单位的原则和办法》，决定设立"学科评议组"，负责全国学位授予单位的审定工作。1981年6月12日，国务院学位委员会第二次会议决定按学科门类设立44个学科评议组，华东师范大学刘佛年、北京师范大学王焕勋、西南师范大学张敷荣、东北师范大学陈元晖、南京师范大学高觉敷等7人组成了教育学科评议组。同

[①] 袁本涛、王孙禹：《我国实施学位授权审核制度的反思与改革刍议》，《高等工程教育研究》2005年第2期。

年7月，国务院学位委员会学科评议组第一次会议评审出我国首批151个博士学位授予单位，358个硕士学位授予单位。北京师范大学的教育基本理论与教育史两个专业、华东师范大学的教育基本理论和西北师范学院（1988年更名为西北师范大学）的教学论专业获批设立博士授权点，华东师范大学、北京师范大学获批设立教学论硕士授权点。

1983年3月，国务院学位委员会第四次会议在北京举行，大会通过了修订的《高等学校和科研机构授予博士和硕士学位的学科、专业目录》，审议了第二批博士和硕士学位授予单位审核工作的文件。同年12月5日，国务院学位委员会第五次会议在北京举行，通过经学科评议组第二次会议审核的第二批博士和硕士授予单位及学科、专业名单，并报国务院批准。至此，我国高等院校设立的博士点有1151个，硕士点有4254个；批准博士学位授权单位196个，硕士学位授权单位425个。此次评审中，西南师范大学获得教学论专业博士授权点，杭州大学（1998年并入浙江大学）、华中师范大学、东北师范大学、华南师范大学、哈尔滨师范大学等高等院校获批设立教学论专业硕士点（见表2-2）。

表2-2　　1990年以前获批教学论专业硕士点的高校名单

开设时间(年)	高校名称
1981	西北师范大学、西南师范学院、华东师范大学、北京师范大学
1984	杭州大学、华中师范大学、东北师范大学、华南师范大学、哈尔滨师范大学
1986	辽宁师范大学、湖南师范大学、南京师范大学、天津师范大学
1988	广西师范大学

1985年2月16日，国务院学位委员会召开第六次会议，审核通过了第二届学科评议组成员名单，教育学科组由21名专家（含心理学与体育学）构成（见表2-3）。会议还通过《国务院学位委员会关于做好第三批博士和硕士学位授予单位审核工作的几点意见》，认为自行增列博士生指导教师工作和在一

定学科范围内下放增列硕士学位授权学科、专业审批权可选择部分学位授予单位先行试点。1986 年 7 月 28 日，国务院学位委员会第七次会议在北京举行，审核了第三批博士、硕士学位授予单位及学科、专业名单。第三次学科授权审核后，我国高等院校有博士点 1830 个，硕士点 6407 个；批准博士学位授权单位 238 个，硕士学位授权单位 545 个。其中，辽宁师范大学、湖南师范大学、南京师范大学、天津师范大学等四所高校获得教学论专业硕士授权点。

表 2-3　国务院学位委员会历届（1-6）学科评议组成员名单（教育学科）

届次	成员名单
第一届	刘佛年、王焕勋、张敷荣、陈元晖、高觉敷
第二届	刘佛年、顾明远、张瑞璠、胡克英、黄济、潘懋元
第三届	潘懋元、顾明远、王逢贤、张人杰、金一鸣、王炳照、史慧中、汪永铨
第四届	顾明远、叶澜、闵维方、王炳照、金一鸣、班华
第五届	王英杰、叶澜、陈学飞、劳凯声、丁钢、吴康宁、刘海峰、徐福荫、周远清
第六届	陈学飞、丁钢、靳玉乐、刘海峰、石中英、王英杰、吴康宁、徐福荫

1988 年国务院学位委员会办公室和国家教育委员会研究生司发布了《授予博士、硕士学位和培养研究生的学科、专业目录（修订草案）》。《草案》中共包括教育学专业 16 个：教育学原理、德育原理、教育科学研究方法、教学论、学科教学论、中国教育史、外国教育史、比较教育学、幼儿教育学、高等教育学、成人教育学、职业技术教育学、特殊教育学、教育技术学、教育经济学、教育管理学。

其后，教育部分别于 1990 年、1993 年、1996 年又进行了三次较大规模的博士、硕士学位授权单位的审定和审批工作，相继又有一批高等院校获准设置教学论专业硕士点，为解决教学论领域对高层次人才的需求问题奠定了基础，为课程与教学论学科建设创设了良好的条件。

（二）课程与教学论学位点迅速扩张

1997年4月23日至24日，国务院学位委员会第十五次会议在北京召开，审批了《授予博士、硕士和培养研究生的学科、专业目录》，审议并通过了《关于1997年博士、硕士学位授权审核工作的意见》。6月6日，国务院学位委员会、国家教育委员会颁布了新修订的《授予博士、硕士学位和培养研究生的学科、专业目录》。1998年5月20日至23日，国务院学位委员会学科评议组第七次会议在北京召开，审核了新增的博士、硕士学位授权点。6月17日至18日，国务院学位委员会第十六次会议在北京召开，审批了国务院学位委员会学科评议组第七次会议审核通过的新增学位授权单位及授权点名单。此后，华东师范大学、北京师范大学、南京师范大学、湖南师范大学等高校相继获得课程与教学论专业博士授权点。

新世纪以来，随着高校扩招政策的推行，我国高校学位点建设进入新时期，课程与教学论专业学位授权点有了快速增加。2002年3月26日至27日，国务院学位委员会在北京召开第十九次会议，会议审议了《关于开展第九批学位授权审核工作的意见》，强调要继续深入研究博士、硕士学位授权审核办法的改革，逐步形成国家宏观管理与高等学校自主办学有机结合的学位授权审核制度。2003年7月25日至26日，国务院学位委员会第二十次会议在北京召开，通过了第九批学位授权审核新增博士学位授权学科专业名单，东北师范大学、华南师范大学、华中师范大学等高校获批开设课程与教学论专业博士点。

2005年1月21日至22日，国务院学位委员会第二十一次会议在北京召开，会议审议通过了《关于进行第十次博士、硕士学位授权审核工作的意见》；2006年1月23日至24日，国务院学位委员会第二十二次会议在北京召开，审议并通过了《第十批博士和硕士学位授权学科、专业名单》，陕西师范大学、山东师范大学、哈尔滨师范大学等高校又相继获得课程与教学论专业博士授权点。同时，包括一些省属师范学院和一些综合性大学，都已经开始培养课程与教学论专业硕士研究生，全国课程与教学论专业硕士点数量已经超过120个。

（三）课程与教学论专业学位点的调整

2007年8月24日，国务院学位委员会第二十四次会议在北京召开，围绕《关于改革博士、硕士学位授权审核办法的思考》《关于改革研究生培养机制的思考》进行了深入讨论。2008年1月14日，国务院学位委员会第二十五次会议在北京召开，会议审议并通过《博士、硕士学位授权审核办法改革方案》，要求进一步发挥省级政府在优化学位授予单位布局、促进学位授权审核工作与国家经济建设及协调社会发展等方面的指导、规划作用；进一步扩大学位授予单位在授权审核工作中的自主权，委托部分学位授予单位开展自行审核本单位博士学位授权学科的试点，增列学位授权学科的数量实行限额控制；进一步拓宽学位授权审核的学科专业口径，学位授权一般按一级学科进行申报和审核。

表2-4　　教育学一级学科博士点授权单位及其审批时间[①]

时间（年）	高校名单
1997	北京师范大学、华东师范大学
2000	南京师范大学
2003	西南师范大学、华南师范大学、华中师范大学
2006	东北师范大学、浙江大学、西北师范大学
2010	清华大学、北京理工大学、首都师范大学、天津师范大学、辽宁师范大学、哈尔滨师范大学、河南大学、上海师范大学、厦门大学、山东师范大学、华中科技大学、湖南师范大学、四川师范大学、陕西师范大学
2013	浙江师范大学、新疆师范大学
2018	安徽师范大学、江西师范大学、曲阜师范大学、广西师范大学、云南师范大学、广州大学

---

① 中国学位与研究生教育信息网，http://www.cdgdc.edu.cn/，2018-5-23。

2010年新增博士和硕士学位授权点审核工作于同年5月启动，至12月底结束。本次主要是对已有二级学科博士点的一级学科申请增列一级学科博士点和已有二级学科硕士点的一级学科申请增列一级学科硕士点进行审核工作，授权审核全部按一级学科进行。其中58所经教育部批准设立研究生院的学位授予单位新增博士、硕士点，由学位授予单位自行审核。此次学位授权审核是2008年国务院学位委员会审议通过《博士、硕士学位授权点审核办法改革方案》后进行的第一次学位授权点审核工作。与以往不同的是，政府主管部门仅审核一级学科的学位授予权，学位授予单位可在一级学科授权下自主设置二级学科，这进一步扩大了学位授予单位的办学自主权。此外，首次放权到省级学位委员会，由其对硕士学位授权点进行全部审核，对博士授权点进行初审，这是扩大省级人民政府教育统筹权的重要改革。其中，清华大学、北京理工大学、首都师范大学、天津师范大学、辽宁师范大学、哈尔滨师范大学、河南大学、上海师范大学、厦门大学、山东师范大学、华中科技大学、湖南师范大学、四川师范大学、陕西师范大学等高校获得教育学一级学科授权。至此，我国高等院校课程与教学论专业博士点数量又有了新的扩张。[①]

2018年1月，教育部根据《博士硕士学位授权审核办法》规定，经条件复核和专家审议，对各省（区、市）推荐的新增博士硕士学位授予单位、博士硕士学位授权点、自主审核单位的审核结果予以公示，安徽师范大学、江西师范大学、曲阜师范大学、广西师范大学、云南师范大学、广州大学等高校获得教育学一级学科博士点，这些高校也迅速开始启动课程与教学论专业博士培养计划。

当前，虽然一大批高师院校和综合性大学具备教育学一级学科博士点和课程与教学论专业博士培养资格，但发展并不均衡。华东师范大学、北京师范大学等作为综合实力最强的两所高师院校，凭借教育学科的整体优势，有力地带动了课程与教学论学科的建设；西南大学的课程与教学论学科是传统的强势学科，40年来培养了一大批学术人才，后备人才充足，延续了在国内

---

① 中国学位与研究生教育信息网，http://www.cdgdc.edu.cn/，2011-5-23。

课程与教学专业领域的地位和影响力。还有一批教育部直属高校和省属重点师范大学，其课程与教学论学科被批准为（省、市）重点学科或人文社科研究基地，得到较多资金与政策扶持，构筑了良好的发展平台。近些年来，为了提高研究生培养质量，很多高师院校开始注重加强彼此之间的交流与协作，尤其是全国高校课程与教学论专业博士点单位定期召开联席会议，就博士生招生、培养与管理等方面展开密切合作，全国课程与教学论研究生协作培养机制正在形成。①

三 专业学会的发展与壮大

共同体的形成是学科发展和成熟的标志，为学科的深化发展提供了动力。专业学会是当今最重要的学术共同体，也是学科建制不断完善的重要标识。米歇尔·福柯认为，"学科构成了话语生产的一个控制体系，它通过同一性的作用来设置其边界"②。专业学会通过组织各种类型的学术会议，增进学术同行的交流，促进学科发展。

（一）专业学会的初创

教育学会的成立与发展和众多教育学科精英、教育工作者是密不可分的，教育学会由教育学专家及教育工作者组成，同时又成为众多教育工作者进行学术交流活动的重要平台。1977年6月，钱学森在谈关于加强科协和学会工作的想法和建议时曾说，怎么把我国的科学技术搞上去，怎么把我们国家的科技工作者联系起来，同一个部门和同一个专业领域的科技工作者可以彼此相互合作、相互交流、相互启发、相互促进，就需要一个科协和学会，使它能够发挥横向联系和组织的作用，打破地域或组织部门的

---

① 孙宽宁、车丽娜：《我国课程与教学论专业的博士生培养：经验与问题——全国课程与教学论博士点协作与建设工作会议综述》，《课程·教材·教法》2013年第9期。

② Michel Foucault, *The Archaeology of Knowledge and the Discourseon Language*, New York: Pantheon, 1972, p.224.

限制，使研究同一专业的科学工作者彼此联系，相互促进，这就是科协和学会自身所发挥的重要的作用。1978年，中国社会科学院召开了多次座谈会，顾明远指出中国的教育没有自己的教育研究所，也没有自己的教育学会，为发展我国教育事业，中国应该成立自己的教育学会。经过充分讨论和酝酿，中国教育学会于1979年4月宣告成立。作为全国规模最大、最具权威性的教育学术团体，中国教育学会对促进我国教育理论研究和引领教育学术交流产生了持久而深远影响，其成立标志着中国教育学术活动进入了崭新时期。需要指出，新成立的中国教育学会因定位为群众性学术团体，与民国时期定位于教育界学者精英的中国教育学会有很大区别，且二者无继承关系①。

中国教育学会成立不久，就设立了教育学分会。教育学分会是教育理论工作者的专门学术组织，会员主要是全国教育学科的科研人员和各级各类师范院校教育学科的教师，课程教学论研究者成为学会的一批活跃力量，积极参加全国性的教育学术交流和研讨活动。从1979年开始至1983年举办的三届全国教育学会都有关于"教学论"的探讨。为了更加深入细致且广泛地对该领域进行独立而完整的研究，在唐文中、裴娣娜、徐勋、旷习模、刘云翔、裴文敏等人的倡导下，1985年6月在哈尔滨师范大学召开了全国第一届教学论研讨会，并成立了全国教学论专业委员会（全称"中国教育学会教育学分会教学论专业委员会"，后改为"全国教学论学术委员会"）。会议决定成立学会的理事机构，推选哈尔滨师范大学的唐文中为第一届专业委员会主任（理事长），华中师范大学旷习模、华东师范大学徐勋、杭州大学裴文敏等人为副主任委员（副理事长）。

全国教学论学术委员会的成立标志着教学论研究者有了统一性的学术组织，为开展学术交流提供了全新的平台。全国教学论学术委员会通常两年举办一次大会，每年还召开一些小型专题讨论会。

---

① 民国时期中国教育学会于1933年由教育界学者精英在上海发起成立，旨在研究及改进民国时期之教育。学会成立之时由陶行知等人担任学会创会理事。

经中国教育学会批准，各个学科（如语文、数学、化学、物理、生物、地理等）也陆续成立了专业委员会，组织高校从事学科课程与教学论研究的人员，定期召开学术会议，把广大学科教学研究队伍联合起来，促进了学科课程与教学论研究者的交流与合作，极大地拓展了学术交流的空间与舞台，产生了持续、广泛的影响。① 同时，为了推进教学改革与实验，促进教学理论的转化与教学经验的提升和推广，全国性的教学实验研究组织也应运而生。经中国教育学会教育实验研究分会批准，全国目标教学专业委员会（1996）、全国合作教学专业委员会（1997）等也相继成立。这些专业学会定期组织专题讨论，为深入推进我国课程与教学论学术交流做出了重要贡献。

（二）专业学会壮大与扩展

随着课程论研究的开展和研究队伍的壮大，全国课程论专业学术共同体也开始形成。1997年3月，中国教育学会教育学分会课程论专业委员会（全国课程学术委员会）成立，并组建第一届理事会。时任教育部课程教材研究所所长吕达当选为学会首任理事长，叶立群、江山野、廖哲勋、钟启泉被聘为学会顾问。首届全国课程学术研讨会于同年11月13日至18日在广州举办。这次会议由全国课程学术委员会、国家教委课程教材研究所和广东省教育厅教学研究室等联合主办，华南师范大学教育系承办，来自全国18个省市的近百位课程理论工作者和实践工作者以及教育行政干部参加了会议。②

1999年12月，第二届全国课程学术研讨会暨课程专业委员会年会在广西师范大学召开。2001年，第三届会议通过了《全国课程专业委员会章程》。《章程》明确规定，中国教育学会教育学分会课程学术委员会是中国教育学会教育学分会领导下的，由全国课程工作者组成的，专门组织课程理论与改革

---

① 目前，全国高师化学课程与教学论年会已经连续举办了12届，全国高师生物学课程与教学论专业学术研讨会连续举办了11届。
② 王永红、黄甫全：《课程现代化：跨世纪的思考——首届全国课程学术研讨会述评》，《课程·教材·教法》1998年第2期。

实践学术活动的专业委员会。在教育部课程教材研究所的协助和推动下，全国课程学术委员会已连续举办了十一届大型学术年会，促进了课程理论研究的深入和课程理论的传播，为基础教育课程改革提供了重要的智力支撑。

（三）专业学会的下移（2010年至今）

随着新课程改革的不断推进，课程与教学论专业学会和相关学术机构进一步往下延伸。目前，全国多个省市（重庆、山东、广东、江西）教育学会分别成立了省级课程与教学论专业委员会；也有些省市的高校课程与教学论研究者自发组织起来，成立了具有学会性质的区域性学术联盟。例如：2013年，山东师范大学课程与教学论团队牵头，联合省内高师院校的力量，成立了"山东省课程与教学论学科协作联盟"。该联盟以山东省内高师院校课程与教学论学科为依托，搭建了区域内高师院校之间课程与教学论学科合作的新平台，在全国具有一定的示范性。

地方性专业学会和联盟构成了课程与教学论学科发展的区域共同体，通过举办研讨会和开展各种形式的合作，不仅加强了区域内课程与教学论专业研究人员的交流，而且密切了地方高师院校与中小学的联系，扩大了课程与教学论学科对基础教育课程改革的影响。

当前引人关注的一个现象是，很多地方教育主管部门和中小学也积极与中国教育学会等相关学术机构合作，协办和承办相关学术会议，将学术论坛设在中小学现场，中小学教师逐渐成为课程与教学论学术交流的重要参与力量。此外，国内一些知名中小学校也开始自发联合起来，成立了"全国高中学校课程改革联盟""全国初中学校课改联盟""全国小学学校课程改革联盟""全国农村县域基础教育课程改革联盟"和"中国课改名校联盟"等联盟组织。目前，这些课改联盟吸纳了广大基础教育学校，通过定期举办研讨会，自发地开展课程与教学研究，对高师院校课程与教学论的学科发展也产生了积极的影响。

第三章 课程与教学论的学科队伍建设

我国教学论和课程论学科是伴随高师院校教育系科的确立而发展起来的，是在移植和借鉴西方教学理论和课程理论的过程中产生的，这与20世纪上半叶我国教学法学者群体的学术贡献是分不开的。改革开放后，我国课程与教学论学科的重建主要依靠20世纪30年代前出生的一批前辈学者，在他们的开拓之下，课程与教学论学科获得快速发展，取得了丰硕的成果。回望前辈学者渐行渐远的身影，追忆他们的职业生涯与学术人生，我们后辈学者当自觉、自省，铭记他们对学科发展的开拓引领之功，继承他们的学术思想，推进我国课程与教学论学科的健康发展。

一 20世纪上半叶我国教学法专家群体

20世纪上半叶是我国教育学科产生和快速发展的时期，有一批教育学者专注于教学法研究，他们积极引进、介绍国外教学法思想，推进传统教学方法革新，身体力行地开展教学实验和编著中小学教材，为我国教学论学科的发展奠定了基础。这些教学法专家包括李廉方、俞子夷、程其保、吴研因、赵廷为、罗廷光、龚启昌、萧承慎等。他们天资聪颖，学养深厚，中西兼修，游历识广。在动荡不安的岁月中，他们教职多变，履历丰富，既在高等院校从事过教学法研究和教学工作，传授西方先进教学思想，同时也担任过中小学教员，编写中小学教材，推进教学法的本土创新。他们知行合一，淡泊名利，德高品洁，其学问与品行为后人敬仰。他们曾经在国内教育学界乃至整个华人世界，都有很高的声望。①

鉴古方知今，明史以继学。在课程与教学论学科蓬勃发展而又问题丛生的当今时代，我们有必要钩沉重忆这些教学法专家的群体画像，以为当下课程与教学论研究提供历史的镜鉴。

（一）幼习国学，学养深厚

民国时期的教学法专家受过严格的传统旧式教育，他们幼秉家学或少入私塾，习诵国学经典，后又入新式学堂，修习西方科学与文化，为从事教学法研究奠定了宽厚的知识基础。李廉方（1878—1959 年），湖北京山人，自幼聪敏，从父（其父为举人）读书，饱读经典，20 岁中举人，后就读于武昌经心书院，学天文、地理、兵法、算学等新学。李廉方是我国小学教学法的重要开拓者，他旧学深厚，史实、典故信手拈来，文采飞扬，曾创办《湖北学生界》月刊并担任主要撰稿人，所著文章锐意犀利。他在《小学教育根本改造论》一文中曾考证过中国古代的小学教育，后来又著成《中国古代的小学教育》（1937 年）一书。② 该书对中国教育史考究之精深，分析之细微，无出其右者，彰显了深厚的学术功底。俞子夷（1886—1970 年）自幼聪颖，早入私塾，自学笔算四则，课余随父亲学珠算，后入西式学堂，学习英文与科学，阅读期刊《蒙学报》，奠定了国学素养。③ 俞子夷对小学数学教材进行了长期研究，取得了丰富的研究成果，各种教育论著有 330 余种。吴研因（1886—1975 年），虽家境贫困，但禀赋超群，自幼勤奋笃学，喜好诗赋。其在十五岁时曾作七律《吊阎典史》，诗意深沉，文采斐然。中华人民共和国成立后，他曾在《光明日报》等报刊发表诗歌多首，毛泽东读后大加赞赏，亲笔批示。晚年著有诗集《风吹集》和《华东纪行速成诗》。④ 罗廷光（1896—

---

① 陈桂生：《教学法的命运》，《全球教育展望》2007 年第 4 期。
② 郭戈：《李廉方教育思想研究》，教育科学出版社 1995 年版，第 27 页。
③ 董远骞：《俞子夷教育思想研究》，辽宁教育出版社 1993 年版，第 1、69、204 页。
④ 高国强、蔡贵方主编：《吴文化名人谱：无锡编》，黑龙江人民出版社 2003 年版，第 267 页。

1993年），其父为秀才，自幼入私塾并随父识字断文，后在书院学习新学。他除儒学经典皆能熟诵外，《少仪》《内则》《孝经》《近思录》《传习录》等皆烂熟于心，每每论及教育皆能信手拈来，对传统经典中的教育思想有独到理解和分析。萧承慎（1905—1970年）是民国时期教学法研究的重要专家，他幼年背诵大量国学经典，学问精深，博览古今，有人评价其语言"深受中国传统教学论学术思想直觉表意、以史鉴今、比喻类比、排比铺陈、文气贯通、虚实造势等民族风格的影响；用民族性的语言形式，也能够揭示教学的本质；话语的遒劲古朴，是良好的国学修养的结晶"[1]。

可以说，这些教学法专家自幼禀赋极佳，国学素养深厚，为教学法研究打下了扎实的基础。

（二）留学国外，游历识广

清末民初，在民族生存危亡的关头，清政府被迫实施"新政"，"废科举，办学堂"，要求各省筹集经费派遣优秀学生留洋，学习西方科学与文化。1903年清政府制定《奖励游学毕业生章程》，要求各省出台政策，支持留学，并派专员进行督查。当时，庚子赔款后清政府财政不足，大批学生留学日本而去欧美人数较少。日本一度成为中国最大的留学目的国。留学教育的积极倡导者张之洞曾大力支持学生去日本留学，原因之一在于"费用省"，他说"至游学之国，西洋不如东洋；一路近省费，可多遣"。李廉方就曾于1902年赴日本东京弘文学院留学，修习教育、心理、论理、教授法、管理法等科目，这奠定了其从事教学法研究的基础。[2] 后来，各省也积极派遣学员赴日学习和考察各科教学法。如，1909年江苏省教育总会派遣俞子夷、杨保恒等人前往日本进行为期半年的教育考察，学习新式教学法，返回国内加以推广。

同年，为了促进留学教育，加强对留学生的管理，清政府成立游美学务处。当局利用庚子赔款，进行公开考试，选拔了一批优秀学生赴美学习。民国成立后，当局非常重视留学事业的发展，制定了新的留学政策。在这一历

---

[1] 李乾明：《近代教学论学术思想的中国气派研究》，中国社会科学出版社2014年版，第159页。
[2] 郭戈编：《李廉方教育文存》，人民教育出版社2006年版，第1—3页。

史背景下，一大批青年学生担负着改造中国旧教育的使命，前往欧美等国留学，攻读教育学、心理学，并获得欧美名校博士、硕士学位。其中，美国哥伦比亚大学在中国教育学术交流史上占有特殊的地位。从 1914 年第一位获得教育学博士学位的郭秉文算起，至 1950 年最后一个留学回国的傅统先，20 世纪上半叶在美国哥伦比亚大学师范学院学习教育学并获得博士学位的共有 49 位中国留学生。① 其中，程其保、罗廷光和萧承慎等人回国后在教学法领域产生了较大影响。

民国时期，一批教学法专家在国内积极推进教学改革，开展教学实验，后来又多次受邀或被派遣赴欧美考察，继续学习和研究西方新式教学法。1913 年，俞子夷受江苏省教育司之命赴美国学习新式教学法，在半年中跑遍美国南北。他尤其关注美国小学数学教学法，研读杜威与麦克莱伦合著的《数的心理学及其在算术教学法上的应用》②。他还详细研究美国各派教学理论和实验，并对哥伦比亚两所著名的附属实验小学进行了全面考察。罗廷光曾在英国伦敦大学皇家学院研究教育学，期间多次考察英国教育，研究中小学教学法的进展；1935 年 8 月还代表中国教育学会和中国社会教育社出席在英国牛津召开的第六届世界教育会议；1936 年又前往欧洲大陆考察了法、德、意、丹、波、苏等国的中小学教学。回国后，他在授课和做行政工作的同时，将从美欧各国参观和学习所获得的各种资料进行整理，最终写成《最近欧美教育综览》一书。这些教学法专家通过对欧美多国教育的考察，极大地开阔了学术视野，丰富了教育理解，为开展教学法研究和推广教学法提供了良好的条件。

（三）教职多变，履历丰满

20 世纪上半叶，国内政治动荡，战乱不堪，各级学校受到很大冲击。尤其是抗战期间，大批学校内迁，甚至停办，一批教学法专家也常常随战争局

---

① 丁钢：《20 世纪上半叶美国哥伦比亚大学师范学院的中国留学生》，《高等教育研究》2013 年第 5 期。

② 董远骞：《俞子夷教育思想研究》，辽宁教育出版社 1993 年版，第 1、69、204 页。

势而颠沛流离，居无定所，工作变动极大。然而，民国时期也是我国高等教育快速发展的时期，高校办学主体多元化，办学方式灵活，学术相对自由，这也在很大程度上促进了教师在不同高校之间的自由流动。在战乱中，他们一边谋求生存，一边又怀揣着改造教育的理想。他们不但先后在多所高校任职，而且大都同时或相继担任过中小学教员、主任、校长等多种职务，积累了丰富的职场经验。李廉方一生波澜壮阔，早年积极参加反清革命运动，在日本留学期间加入了同盟会，追随孙中山和黄兴从事民主革命，后又参加了武昌起义。民国期间，他任武昌师范大学教授兼事务主任，后来转任河南大学教授、教育系主任、文学院院长，并升至河南省教育厅长，1946年任湖北通志馆副馆长兼总纂。俞子夷的人生阅历和职业生涯也颇为丰富。他早年参加反清革命运动，两次跟随蔡元培参加光复会的运动，也曾于多所学校任教。他于1904年在上海爱国女学开课授业，1905年转任广明学堂教习；1908年，他到上海江浦东川沙的青墩小学任教；1912年又赴南京，任江苏省立第一师范教育科教师；1918年，被南京高等师范学校（民国9年改成东南大学）聘为教育科教授；1926年在省立女子中学师范部兼任教师；抗战爆发后，为躲避战乱，他辗转多地，一度在乡间学校执教，最后才回到浙江大学教育系任教。赵廷为在抗战前工作履历也同样极富变化。他最早于1924年在中央印书馆担任《教育杂志》编辑，半年后遭到解聘，临时担任浙江春晖中学英语教师。1927年至1928年，又在温州中学担任教员。1932年进入杭州师范大学，然后相继在大夏大学、安徽大学、沪江大学任教，后又被中央大学聘请。十三年的时间内至少调换了七次工作，"每到暑假都会担心被解聘"。同样，罗廷光的职务也时常处于变动之中。1916年中学毕业后，他担任了小学教员；1926年大学毕业后先后在南昌鸿升中学、扬州中学、无锡中学做过多年教员，后留学美国；1931年从哥伦比亚大学毕业回国，任中央大学教育学院副教授；1932年又转任中央大学实验学校（附小、附中）校长；1936年在欧洲学习后考察回国，被河南大学聘为教务长和教育系主任；抗战爆发后，中原沦陷，大学内迁，又赴昆明任西南联大教授；1940年又从西南边陲赶赴江西，任中正大学教授兼教务长、社会教育系主任；抗战胜利后，他又从南昌奔赴重庆北碚，任中央大学教授，后兼任师范学院院长，并重建师范学院的附中、附小。

综上，这些教学论专家命运多舛，辗转就职，在其生命的黄金时期，任职于不同风格的大学，辗转于中小学之间，运用自己所学理论，以充沛的精力投入教学、学术研究、教材编纂和教育行政管理工作中。丰富多样的职业生活为其教学法的研究提供了丰厚的土壤，他们所建构的教学法思想体系也因而具有鲜活的生命力。

（四）引进教法，推进教改

清末，一些有识之士深感国家处于内忧外患的境地，企图从教育变革中寻找救国出路。在留学和考察国外教育教学过程中，一些教育学者开展了大量教育法专著翻译工作，引进和介绍欧美等国流行的教学法。1901年《教育世界》杂志上刊登了由王国维翻译的日本教育学者的《算术条目及教授法》一书，这是引进和介绍国外教学法的最早记录。其后十年间，我国教育学者翻译引进的各种"教授法"讲义和教材共计28本。[①] 当时在日本求学的一大批留学生，在接触和研习新式教学法后，纷纷将其翻译和介绍到国内。俞子夷就曾于1909年赴日本考察单级教学法，期间注重算术和理科的教法，并接触到启发式教学，回国后在教学时加以引用，取得了良好的效果。这促使他对日本的教材教法产生了浓厚兴趣，阅读了大量日文教法书及教育杂志，并在《教育研究》杂志上发表了一系列介绍算术教学法的文章。20世纪20年代以后，以杜威为代表的进步主义教育理论开始在世界范围内广泛传播，美国盛行一时的设计教学法和道尔顿制也传入我国。1921年，全国教育会联合会在通过了《推行小学校设计教学法案》两年后，又制定了《新制中学及师范学校宜研究试行道尔顿制案》。同时，杜威、克伯屈等人先后来北京、上海、南京、济南等地讲学，宣传实用主义教育思想，推广新的教学模式和教学方法，有力地推动了新式教学法在广大中小学的传播和运用。

我国教学法研究者在引进西方教学法、不断借鉴和吸收西方教学思想

---

① 侯怀银：《中国教育学之路》，安徽教育出版社2009年版，第75页。

的同时,也反对机械地照搬和运用,主张在教学实践中对其加以改造,积极开展教学实验和教学改革,创立了一系列适合中国本土教育实践的教学法。譬如影响较大的有"廉方教学法"。20世纪30年代,李廉方在开封教育实验区进行教育改革实验时,结合中国国情对教育模式进行了改革,并形成了一套独特的教育模式。该模式打破了传统的学科教学方式,弃用固定教材,以实际生活为中心组织教学内容,改造陈旧的教学方法,取得了较好的教学效果,对当时的教学法革新产生了较大的影响。李廉方因此被现代海峡两岸教育学者誉为"教学法中国化时期"或"国人自创教学法"的第一代表。[①] 李秉德先生曾对此评价道,"这项教学改革原是包括教学理论、教学内容、教学方法乃至整个小学教育制度的一种革命性的改革实验方案"[②]。同期,吴研因也极力推广赫尔巴特的五段教学法,并与俞子夷等人合作,在苏州第一师范附属小学开展设计教学法实验,取得较好的改革效果,使该学校一度名声大噪。

当时的教学法研究者在学习和借鉴国外教学法的同时,也潜心研究本土教学法,编著了符合教学需要的各科教学法教材。譬如,李廉方一生对小学教学法研究投入大量精力,在吸取设计教学法和道尔顿制基础上,进行了大量的调查和统计,完成了《改造小学国语课程初步方案》,后来又编写和发表了《卡片教学与三个研究问题》《最经济的合科教学法》等十余种材料。[③] 民国时期,教学法已经成为当时大学教育系主干课程之一。早在1913年2月教育部公布了《高等师范学校规程》,将"教授法"作为重要科目;1925年,全国教育联合会通过了《新学制师范科课程纲要》,对师范学校的课程进行规划,规定师范科必须开设"普通教学法""各科教学法"和"小学各科教材研究"等。同时很多教学法研究者又在大学的教育系任教,他们承担了为师范学生讲授教学法课程的重要任务。俞子夷在杭州师范学院任教时,开设了教学法课程,亲自授课;龚启昌在担任南京高师教授和系主任时,也给多届

---

① 郭戈编:《李廉方教育文存》,人民教育出版社2006年版,第1—3页。
② 同上。
③ 张振江主编:《薪火集:河南大学学人传》(上册),河南大学出版社2002年版,第254页。

学生讲授教学法；赵廷为和罗廷光受聘于安徽大学和国立中央大学期间，也担任教学法科目的主讲教师。正是在这一批教学法学者的传播和影响下，教学法课程在我国教育学科体系中逐渐占据了重要地位。

（五）学问修身，德高品洁

陶行知曾经说过："好的先生，一方面指导学生，一方面研究学问。必须要学而不厌，然后才能够诲人不倦。"20世纪上半叶的教学法学者群体，在教学与学术研究中注入大量精力，他们学问精深，治学严谨，知行合一，德高品洁。吴研因出身贫寒，但他勤奋刻苦，才识渊博，严守做人原则。他为了表示对白话文教材的坚定立场曾三次拒绝厚禄，并以诗记云："自笑空怀蹈海心，苟全岂更羡千金。"李廉方立足我国本土实际，批判地接收国外教学方法的优点，系统总结教学改革经验，创立了有本土特色的教学方法，曾被誉为"中国的裴斯泰洛齐"。他淡泊名利，多次弃官从教并因生活朴素、廉洁奉公，被群众赠予"廉洁四方"匾额，遂将原名李步青改为李廉方。李秉德先生称其为"名副其实的教育家"，"以他的资本，要走升官腾达之路，何愁没门可入！但他志不在此。他宁愿到中华书局做默默无闻的编辑工作"[①]。俞子夷胸怀教育理想，兢兢业业，力学笃行。孟承宪给予高度评价，"从教育实际出发，深入实际问题进行研究，思想是见之于行动的，是真正的教育家"[②]。他生活简朴，淡定素雅，其子在回忆录中写道："父亲向来对经济是有计划安排的。生活开支从不大手大脚铺张浪费，从来没有大请客大吃大喝的，更没有想过要买田地、房产、股票发财致富，而是有计划地培养人。"[③] 赵廷为一生多次被疾病缠身，生活困顿，几经波折，但仍洁身自好，矢志教育。他于贫困潦倒之时就职于商务印书馆，秉持对学术的严谨，当局逼其做行外之事，被严词拒绝。罗廷光学富才高，求真务实，一丝不苟，耄耋之年仍致力于学术研究，有人将其治学经验概括为"博学，深思，存疑，求证"；他以身作

[①] 郭戈编：《李廉方教育文存》，人民教育出版社2006年版，第1—3页。
[②] 俞子夷、朱晟旸编：《新小学教材和教学法》，福建教育出版社2006年版，第1页。
[③] 董远骞：《俞子夷教育思想研究》，辽宁教育出版社1993年版，第1、69、204页。

则，施教认真，对学生刚柔相济，严禁学生在学习生活中作伪取巧。他一生贞高绝俗，为教育事业多次拒绝出任行政职务。龚其昌受家庭环境的熏陶，追求学问，不逐名利，"大学期间酷爱陶渊明作品，形成了其清高的人生态度"[1]。萧承慎治学严谨，为人刚正，秉持公心，他认为"教学乃是放弃名利的一种服务。教师必须牺牲个人以尽瘁于社会，而不可有自私自利之心"，"教师所追求之成功，不是财富亦不是声誉，而是所努力的事业有永久良好的影响"[2]。蒋梦麟曾言，"有真学术，而后有真教育；有真学问，然后有真教育家"。民国时期这些优秀的教学法学者身上体现出了真学术、真道德、真教育的精神，堪称世人楷模，其学问、德行与人品更值得后人仰慕和钦佩。

陶行知对民国时期教育理论研究领域"食洋不化"的现象进行了尖锐的批判，呼吁莫做"空头理论家"，要做知行合一的教育家。可以说，20世纪上半叶我国教学法学者群体身上体现了真正的教育家精神，他们既是教学理论的探索者，也是推动教学实践变革的行动者。今天，回望他们远去的身影，重温他们的学术历程与职业人生，我们震撼之余，汗颜不已。[3]

二 改革开放以来课程与教学论前辈学者

由于政治运动和意识形态因素的干扰，教学法的理论研究与实践探索在中华人民共和国成立后受到很大抑制，"文化大革命"期间更是近乎停滞，后备人才的培养严重匮乏，高校的学科建设也无从谈起。改革开放以来，教学论与课程论相继被纳入教育学科体系，在高校获得了稳定的学科建制，在一批前辈学者的开拓和努力下，我国教学论与课程论学科获得迅速发展，取得了丰硕成果。

由于我国教育学科队伍十分庞大，一些学者往往身跨多个专业，在教育

---

[1] 龚其昌：《中学普通教学法》，福建教育出版社2011年版，第1页。
[2] 萧承慎：《教学法三讲》，福建教育出版社2009年版，第5页。
[3] 徐继存：《民国时期教育家的共相》，《西北师大学报》（社会科学版）2013年第6期。

学多个领域做出较大贡献，因而清晰、明确地将某些学者界定为"课程与教学论学者"比较困难。本书主要基于以下理由或判断标准，来界定课程与教学论前辈学者这一群体。第一，长期从事课程论或教学论研究，有较突出的学术成果，对引进或阐释国外课程与教学理论做出了开创性贡献；第二，20世纪八九十年代曾在高校担任研究生导师，培养了我国较早一批教学论和课程论方向研究生；第三，在教育学专业学会担任重要学术职务，在推动课程与教学论学术交流方面发挥了不可替代的作用；第四，领导和组织课程与教学论教材的出版，参与创办学术刊物，对促进学术成果的传播有重要贡献。

依据年龄和成长背景不同，课程与教学论前辈学者可以划分为两代。第一代学者主要有张敷荣、李秉德、史国雅、戴伯韬、陈侠、高振业、罗明基、鲍兆宁、邹有华、赵天岗等。他们多出生于清末民初，20世纪30年代中期大学毕业，在国立大学工作并从事教学法研究和教学，40年代就被聘为教授或副教授。第二代学者有王策三、唐文中、瞿葆奎、吴杰、刘克兰、董远骞、刘克兰、徐勋、罗明基、何志汉、黄明皖、刘云翔、吴文侃、田本娜、胡克英、叶立群、吴也显等。他们主要出生于20年代，中华人民共和国成立前后大学毕业并开始学术研究和教学工作。改革开放后，这些前辈学者重新焕发了学术热情，他们老骥伏枥，著书立说，扶掖后学，推动了学科建设，成为我国课程与教学论学科的奠基者和开创者。90年代中期，他们渐渐退出了工作岗位，但仍然发挥余热，通过各种途径和方式关心、支持学科的发展。随着课程与教学论学科队伍逐渐实现新旧更替，这些前辈学者纷纷离世，他们的名字似乎也逐渐被人们所淡忘。今天，非常有必要回溯前辈学者渐行渐远的身影，追忆与反思他们的学术人生，为当下课程与教学论研究和学科发展提供历史的镜鉴。

（一）课程与教学论前辈学者的成长背景

早年的成长环境与教育经历会影响人的终生发展，决定一个人的职业选择。对课程与教学论前辈学者群体的成长环境和教育背景进行考察，有助于更好地理解我国课程与教学论学科发展的历史与由来。

1. 第一代学者的成长背景

家庭是人成长的首要环境，家庭文化所传递的价值观念、培养的习惯会给人的一生打上底色。第一代学者多出生于旧式的知识家庭，幼入私塾，后又入新式学堂，考入省立师范学校或省立中学就读，接受了完整系统的基础教育。他们多在国立大学教育系就读，民国中期毕业，有些也获得出国留学机会，在国外获得教育学博士学位。

（1）幼学启蒙，少年志学

张敷荣先生的父亲为清末贡生，曾多次参加科举考试，后来回乡担任塾师，设馆授徒。父亲对子女教育极为重视，张敷荣因此而启蒙，6岁入普安县高等小学堂就读。由于深知家庭生活的艰辛以及读书求学机会的难得，他学习刻苦，学业及各方面表现优异，于1918年考入省立贵阳初级师范学校，三年后又以公费生身份考入清华学校预备科学习，为后来赴美留学创造了良好的条件。李秉德生于河南洛阳的书香门第，家道殷实，崇文重教，家中兄弟四人皆接受良好的基础教育，后来皆获得留学欧美的机会。李秉德幼时入私塾，后来改上高小，军阀混战期间学校课程中断，便由父亲在家教授，习诵四书五经。高小毕业后，李秉德先后入私立明德中学、洛阳县立初级师范和省立八中学习，奠定了扎实的知识基础。戴伯韬出生于江苏省丹阳县，这里河湖纵横，鱼米丰饶，历来是人文荟萃之地，自古崇尚知识、重视教育。戴伯韬自幼聪颖好学，自乡塾考入县立第二高小，又考入镇江省立第六中学；毕业后升入商业专科学校，学习两年后转入晓庄师范就学，成为陶行知创办晓庄师范后的第一批学生，接受了新的教育思想和理念的熏陶，由此也奠定了后来从事教学法研究的基础[①]。

（2）大学攻读，修习教育学

张敷荣于1928年在清华预科学习期间，以优异成绩通过留学考试，赴美国斯坦福大学，在斯坦福大学先后获得文学学士学位、教育社会学硕士学位

---

① 李隆庚：《著名教育家戴伯韬》，《文献》1982年第6期。

和教育学博士学位[①]。留美期间，张敷荣为争取华裔儿童的受教育权进行了不懈的斗争，多次组织华侨学生游行示威，并为此在《旧金山时报》发表文章。其博士学位论文《1885年以前美国旧金山市公立学校隔离华裔儿童运动的研究》，体现了其严谨的研究态度，产生了较好的学术影响。李秉德于1928年入河南大学预科，两年后顺利升入本科，主修教育学，1934年大学毕业；1936年又考入燕京大学，攻读"乡村教育研究生"，抗战爆发后学业被迫中断；1946年考取了抗日战争胜利后的首批公费出国留学生，1947年来到瑞士洛桑大学，后又入日内瓦大学卢梭学院，跟从世界著名教育家、发生认识论创始人皮亚杰教授学习；1949年秋毕业，成为中华人民共和国成立后第一批返回的旅欧留学生[②]。史国雅1927年考入由美国及英国基督教教会联合在北京开办的燕京大学；1933年，从教育系毕业后短暂就职于山西省汾阳县铭义中学和北平的国立东北中山中学；1936年，考取公费留美资格，赴斯坦福大学攻读文学硕士；后在范德比尔特大学皮巴地师范学院学习"课程论"，1941年获哲学博士学位。

高振业、赵天岗、陈侠、张定璋等人有相似的大学教育经历，他们均在抗战前期考入国立师范学院，学习教育学（见表3-1）。

表3-1　　　　　第一代学者群体主要信息一览

姓名	出生地	就学院校及毕业时间(年)
张敷荣	贵州普安	斯坦福大学(1930,本科;1931,硕士;1936,博士)
李秉德	河南洛阳	河南大学(1934);燕京大学(1937) 日内瓦大学卢梭学院(1949,博士)
史国雅	吉林德惠	燕京大学(1933,本科);斯坦福大学(硕士) 范德比尔特大学(1941,博士)

---

① 靳玉乐、李森主编：《学术与人生——张敷荣教育学术思想研究》，西南师范大学出版社2004年版，第307页。

② 李秉德：《李秉德文集》，教育科学出版社2005年版，第450—452页。

续表

姓名	出生地	就学院校及毕业时间(年)
陈侠	江苏扬州	国立西北师范学院(1942)
高振业	河北元氏	国立西北师范学院(1938)
鲍兆宁	安徽巢湖	安徽大学(1937)
赵天岗	河南舞阳	国立西北师范学院(1944)
邹有华	福建福州	国立中央大学(1935)
张定璋	浙江温岭	湖南国立师范学院(1945)

2. 第二代学者的成长背景

第二代学者多出生于20世纪20年代,接受新式教育,在40年代中后期就读国内大学教育系,接受了比较完整的大学教育。考察第二代学者的成长和教育背景,具有以下三个明显特征。

第一,南方籍学者明显多于北方。其中,南方学者以江南一带为主,尤以湖南、湖北、江苏、浙江等省籍为最多。如刘克兰、何志汉、董远骞、黄明皖均为湖南籍,胡克英出生于湖北宜昌,吴杰、瞿葆奎等人出生于江苏,董远骞出生于浙江。这些地区近代以来经济富庶,文化昌盛,又较早受西方文化传播的影响,新式教育获得较快发展,因而有更多子弟接受新式教育,造就了民国时期高等教育的"江南现象"。

第二,大学期间有跨专业学习的经历。民国时期高等教育办学具有较大灵活性,学生管理相对宽松,选修专业的自主性较大,变更系科和专业的现象较为普遍。譬如,唐文中考入国立北平师范学院时,先就读于国文系,大二便转入教育系,并顺利毕业。王策三考入安徽大学时,主攻英国语言文学专业,二年级后调到哲学教育系,主修教育学。胡克英最初是在南京建村农学院学习农学,后来转至解放区华北大学社会科学系学习,又考入中国人民大学教育学研究生班,后来转至北京师范大学教育系至毕业。吴杰中学毕后，先考入北京大学工学院，学习机械工程专业，因对教育专业产生较大兴趣，次年旋即转入北京师范大学教育系学习。

第三，大学期间经历了颠沛流离的求学之苦。第二代学者的求学时间集中在抗战后期和中华人民共和国成立前后，为躲避战乱，期间很多高校频繁迁址，后来又陆续搬回原址办学，很多求学者为此历经长途迁徙、疲劳远征之苦。如复旦大学毕业的瞿葆奎，他在1941年中学毕业后，曾与五位同学一起从宜兴出发，绕过敌伪占领区，途经皖、赣、湘、桂、黔，历时两月，行程8500余里，终抵四川，考入迁校重庆北碚的复旦大学，饱尝了战乱期间求学之艰辛。

表3-2 第二代学者群体主要信息一览

姓名	出生时间（年）	出生地	毕业院校及时间（年）
吴　杰	1921	江苏常州	北京师范大学（1950）
瞿葆奎	1923	江苏宜兴	复旦大学（1947）
刘克兰	1924	湖南澧县	西南师范学院（1950）
何志汉	1924	湖南资兴	中国乡村建设学院（1948）
胡克英	1924	湖北枝江	华北大学（1948）
董远骞	1925	浙江宁海	浙江大学（1949）
唐文中	1926	河北滦县	国立北平师范学院（1949）
徐　勋	1927	福建福州	北京师范大学（1955）
王策三	1928	安徽潜山	安徽大学（1951）
刘云翔	1928	辽宁海城	东北大学（1949）
田本娜	1928	天津津南	天津女子师范学院（1952）
叶立群	1921	湖北省	复旦大学（1947）
吴也显	1930	上海	南京师范学院（1953）

（二）课程与教学论前辈学者的职业生涯

第一代和第二代学者由于年龄之间的代际差异明显，入职时间不同，其职业生涯也呈现不同的特点。

1. 第一代学者的职业生涯

第一代学者职业履历丰满，在 20 世纪 30 年代就已经开始工作，40 年代就在多所高校兼任教授（副教授），中华人民共和国成立后参与了各高校教育系科的创办，改革开放后又焕发了新的生命活力，积极投入学术研究，职业生涯横跨六七十年。

（1）中华人民共和国成立前在多所高校任教，从事教学法研究

张敷荣 1936 年从斯坦福大学毕业后，受时任川大校长任鸿隽之邀，回国执教川大教育系，担任系主任，讲授"课程编制""普通教学法""中学各科教学法"等课程，后来又在华西协合大学、四川省立教育学院、国立女子师范学院等多所院校兼任教授。李秉德 1934 年从河南大学毕业，受李廉方邀请，到河南开封教育实验区从事"廉方教学法"的实验，先后在一些刊物上发表多篇学术论文，产生了较大的社会反响，奠定了后来从事小学语文教学法研究的基础。"卢沟桥事变"后，李秉德返回河南，先在河南省立百泉师范工作，后在省立淮阳师范任教兼教导主任，1941 年受河南大学之聘，任教育系副教授，开设"教育科学研究法"等课程，后又兼任图书馆长。[①] 史国雅 1933 年大学毕业，先在山西省临汾县铭义中学担任教师，后又到位于北京的国立东北中山中学任教。1941 年从美国返回后，相继在东北大学、东北女子文理学院、长春大学、北京大学、北京师范大学、中山大学、燕京大学等十几所高等学府任教，讲授"课程论""各科教学法""课程研制"等多门课程[②]。

高振业于 1938 年大学毕业后，留在国立西北师范学院工作，历任附中师

[①] 《中国社会科学家辞典》编委会编：《中国社会科学家辞典》（现代卷），甘肃人民出版社 1986 年版，第 331 页。

[②] 张汉静主编：《山西大学工会史》，山西人民出版社 2013 年版，第 277—278 页。

范部教员、教导主任，后来在教育系担任讲师；1947年起被重庆国立女子师范学院聘为教授，同时在重庆国立女子师范学院和中国乡村建设学院兼任教授。邹有华于1935年从中央大学毕业后，也担任很长一段时间中小学校长，继任国立暨南大学、国立艺专、国立师范学院、国立广西大学等学校教授。

（2）中华人民共和国成立后被分配至新高校，成为教育学科的重要开拓者

中华人民共和国成立后，我国政治结构发生巨变。1952年6月至9月，中央人民政府照搬苏联模式，对民国以来形成的高等教育体系进行了彻底改造。经过调整和整顿，一些久负盛名的私立院校（如大夏大学、厦门大学、光华大学）和教会大学（如燕京大学、圣约翰大学、金陵大学、岭南大学等）停办，或被拆解合并到其他高校，有些盛极一时的学校（如中央大学、浙江大学等）也被分拆，很多综合性大学（如北京大学、复旦大学、四川大学、安徽大学、东北大学等）的教育系被撤销，并入原有师范院校或新组建的师范院校。与此同时，大部分学者在经历了比较集中的政治学习和思想教育后，被分配到新的师范院校任职，承担了所在高校教育系科建设的任务。张敷荣于1952年曾入北京师范大学"高等学校进修班"参加培训，学习期间写成《教学过程的本质》一文，培训结束后调任西南师范学院教授，担任教育系主任，讲授"教育学""小学自然教学法""教育科研专题讲座"等课程。[①] 李秉德1949年从巴黎途经香港到达北京，被教育部派往华北大学政治研究所学习。华北大学的前身是陕北公学，是一个学习政治、改造思想、培养革命干部的教育机构。1950年年初，华北大学改名为中国人民大学，政治研究所合并到华北人民革命大学。李秉德经过八个月的理论学习和思想教育，被教育部分配到西北局，西北局教育部又将其派遣到西北师范学院，聘为教育系教授并兼任教务处副处长。陈侠于1950年调入中央人民政府出版总署编审局任编辑，当年12月调入刚成立的人民教育出版社，历任教育室编辑、副主任、

[①] 靳玉乐、李森主编：《学术与人生——张敷荣教育学术思想研究》，西南师范大学出版社2004年版，第358—359页。

主任、编审,《教育译报》副主编。史国雅也曾于1949年2月在华北大学政治研究所学习,12月被派遣到山西大学教育系工作,聘为教育系教授,并兼任系主任,后来又担任校工会副主席、主席,直到"文化大革命"爆发。鲍兆宁在中华人民共和国成立后也被派遣到华北革命大学接受政治教育,培训结束后被分配到刚成立的山东师范学院,担任教育系副主任兼教育学教研室组长,与其同时被分配前来的还有原复旦大学校长章益以及1949年从美国哥伦比亚大学师范学院获得博士学位归国的傅统先。

表3-3 中华人民共和国成立后第一代课程与教学论学者主要工作履历

第一代学者	中华人民共和国成立前曾工作单位	中华人民共和国成立后工作单位	初任教授时间(年)	招收研究生的时间(年)
张敷荣	国立四川大学、国立女子师范学院、华西协合大学、四川省立教育学院	西南师范学院	1939	1981
李秉德	国立河南大学、国立西北师范学院	西北师范学院	1950	1981
史国雅	东北大学、东北女子文理学院、长春大学、中山大学、燕京大学	山西大学	1946	1985
高振业	国立西北师范学院、重庆国立女子师范学院	西南师范学院	1951	1982
邹有华	国立暨南大学、国立艺专、国立广西大学	华南师范大学	1946	1984
鲍兆宁	湖南国立师范学院	山东师范大学	1986	1982
赵天岗	国立河南大学	山西大学	1978	1982

(3)改革开放后,重启新的学术生涯

粉碎"四人帮"后,随着中央拨乱反正工作的开展,一批曾受到冲击的前辈学者获得了"解放",重新回到工作岗位,恢复原有行政职务,积极投入学术研究和行政管理工作中。李秉德于1979年任甘肃师范大学教育教研室主任,继而研究室改为教育科学研究所,他担任所长。1980年,他又接任甘肃师范大学校长,甘肃师范大学恢复西北师范学院校名后,他又成为院长。

1983 年，李秉德因为年龄原因从院长岗位上退下来后，还担任了第六届和第七届全国政协委员。此外，他还担任过中国教育学会第一届理事，中国教育学会小学语文教学研究会第一届副会长、甘肃省教育学会第一届副会长等学术职务①。在完成繁重的行政管理工作的同时，李秉德在教学论研究中热情饱满，笔耕不辍，先后出版了《小学语文教学方法》《教育科学研究方法》等多部著作。改革开放后，张敷荣也已逾 70 高龄，但他壮心不已，以充沛的精力开始了全新的教育教学和科研工作，撰写多篇重要的学术论文，翻译出版了《心理学纲要》《学习的基本理论与教学实践》《程序教学》等多部著作。1981 年受聘国务院学位委员会首届学科评议组成员，并赴北京参加教育学科评议组第一次会议。1984 年，在 80 岁高龄时还担任了西南师范大学教育科学研究所所长，组织申报教学论专业博士点，同时兼任中国教育学会理事和全国教育学研究会常务理事等学术职务。② 在粉碎"四人帮"之后，陈侠恢复在人民教育出版社的正常工作，1979 年参与发起成立全国教育学研究会（中国教育学会教育学分会前身），任常务理事兼秘书长；1981 年，又参与创办《课程·教材·教法》期刊，并主持杂志的日常工作；1983 年，还牵头成立了全国第一个专门的课程与教材研究机构——"课程教材研究所"。另外他还曾担任《中国大百科全书·教育卷》教育学分支学科副主编、《教育大辞典》编纂委员会委员兼《课程和各科教学》分卷主编等职。③

2. 第二代学者的职业生涯

第二代学者多在中华人民共和国成立前后参加工作，职业生涯主要分两个阶段：第一阶段是中华人民共和国成立至"文化大革命"爆发，第二阶段是改革开放后至 20 世纪末。

（1）中华人民共和国成立初期开始教学和研究工作

第二代学者大学毕业后，多分配到中等师范学校或中小学工作。在院系

---

① 李秉德：《李秉德文集》，教育科学出版社 2005 年版，第 458 页。
② 靳玉乐、刘茜、金玉梅编著：《张敷荣画传》，西南师范大学出版社 2013 年版，第 152—159 页。
③ 吕达、刘立德：《我国课程论重建的先驱者和奠基人——纪念陈侠先生诞辰 100 周年》，《课程·教材·教法》2015 年第 3 期。

调整过程中，新成立的一些师范学院开始创办教育系科，亟须教育学师资力量，有相当一部分在中小学任职的教育系毕业生因此得以调入，开始从事教学法教学与研究。唐文中1949年7月毕业后，被分配到沈阳东北人民政府教育部做了三个月的科员，然后调到黑龙江省（时称"松江省"）佳木斯师范学校当教员，期间还兼任学校实验小学主任。从1952年开始，唐文中调往松江师范专科学校（1956年更名为哈尔滨师范学院），1959年担任教育系教育学教研室副主任，直到1963年教育系因政治原因停办。这一段时期，唐文中已经开始了对教学法的初步研究，并完成学术生涯中第一部学术著作《中小学教学方法研究》（上海教育书店1951年版）。此书的出版是唐文中教学理论研究的开始，也展现了唐文中在学术研究方面的潜质，为后来的教学论研究打下了良好基础。田本娜1952年从天津师范学院毕业后，先在河北省昌黎师范学校任教并担任附小校长，1954年调入天津师范教育系，相继开设"算术教学法""地理教学法""历史教学法"等课程。20世纪60年代开始，她坚持教学研究与教学实践结合，带领学生去中小学听课、见习、实习，丰富了教学实践，积累了教学经验，开始了对小学语文学科教学法的系统研究。① 董远骞1949年从浙江大学毕业后，分配到杭州市军管会文教处工作，又在浙江省委农村工作团工作一年有余，最后调任浙江大学教育系助教。1952年院系调整后，先后在浙江师范学院教育系和杭州大学教育系任教，长期任讲师兼教育学教研室主任。② 刘云翔1949年从东北大学教育系毕业后，也被分配到沈阳师范学校任教，兼任附小主任，工作八年后调往沈阳师范学院，从事高等教育教学工作。在沈阳师范学院期间，他担任中小学教学法课程的讲授任务，开始了对教学法的系统思考和研究。

（2）改革开放后实现学术的成长和成熟

改革开放后，高师院校教育系科迅速恢复，第二代学者正年富力强，他们以充沛的精力投入教育学科建设、学术研究和人才培养。第一，他们大多

---

① 郭利萍：《田本娜教育学术思想探析》，《中国教育科学》2017年第3期。
② 郑小明、郑造桓主编：《杭州大学教授志》，杭州大学出版社1997年版，第114页。

都担任所在高校教育系科的主要负责人。其中，吴杰、瞿保奎、唐文中、徐勋、刘云翔、田本娜等都担任所在院校教育系的主任（副主任），或担任新成立的教育科学研究所所长（见表3-4），为所在院校教学论学科的创立和发展做出了卓越贡献。第二，他们作为负责人参与申请和建设教学论专业学位点。学位点建设和研究生培养是高校学科发展的重要条件和内容。1981年教育部恢复研究生学位制度，北京师范大学和华东师范大学获批教学论专业硕士点，王策三和瞿葆奎成为两所院校教学论硕士点的主要负责人。其后，杭州大学（1998年并入浙江大学）、东北师范大学、华南师范大学、哈尔滨师范大学、辽宁师范大学、南京师范大学、天津师范大学等高校陆续获批教学论专业硕士点，董远骞、吴杰、邹有华、唐文中、罗明基、吴也显、田本娜等人成为硕士生导师，分别在各自高校承担起硕士点建设的任务。此外，第二代学者还积极参与高校之间的研究生协同培养，推动研究生跨校交流和访学，积极参与各类教育学会组织的筹建并兼任重要学术职务（详细情况见表3-4）。

表3-4　　　　　　　　第二代学者工作职务和学术兼职情况

姓名	主要工作单位	担任的行政职务	兼任的学术职务
吴杰	东北师范大学	教育系副主任	全国教学论专业委员会委员 吉林省教育学研究会副理事长
瞿葆奎	华东师范大学	教育系主任	中国教育学会副会长 中国教育学会教育学分会副理事长 中国教育学会教育理论刊物专业委员会理事长
王策三	北京师范大学		全国教育学研究会秘书长、副会长
刘克兰	西南师范大学	教育系副主任	
何志汉	西南师范学院	教育系主任	四川省教育研究会理事长
董远骞	杭州大学		全国教育学研究会理事 浙江省教育学研究会理事长

续表

姓名	主要工作单位	担任的行政职务	兼任的学术职务
唐文中	哈尔滨师范大学	教育系副主任（教科所所长）	中国教育学会理事 全国教学论专业委员会主任委员 黑龙江省教育学会副会长
徐勋	华东师范大学	教育系主任	全国教学论专业委员会副主任
刘云翔	沈阳师范学院	教育系主任	全国教学论专业委员会委员 辽宁省教育学研究会副理事长
田本娜	天津师范学院	教育系主任	中国教育学会副会长
吴也显	南京师范大学	教科所副所长	

（三）课程与教学论前辈学者的学术贡献

课程与教学论前辈学者心怀浓厚的学科情感，致力于推动学科建设，他们心无旁骛，潜心研究，严谨治学，为后备人才的培养和学术交流的开展倾注了大量心血，在课程与教学论学科发展史上留下了不可磨灭的印记。

重新学习西方教学理论与教学思想，引进最新研究成果，是改革开放后课程与教学论学科发展面临的首要任务。课程与教学论前辈学者对国外教学研究的现状和教学理论的进展，都表现出广泛兴趣和热情，尤其对美国、苏联和东欧等历史上曾对我国产生特殊影响的一些国家的教学理论动态则更为关注，投入巨大精力开展研究和编译工作，取得了突出的成果。[①] 如，张敷荣翻译出版了美国莫里斯·L.比格的《学习的基本理论与实践》（1991）、美国学者 B.F.斯金纳的《程序教学》（1988），张定璋翻译出版了苏联巴班斯基的《教学过程最优化——一般教学论方面》。在人民教育出版社工作的陈侠组织和策划了一套《课程研究丛书》经典译著，该丛书 1985 年开始由人民教育

---

① 王策三：《我国十年来教学理论进展》，《高等师范教育研究》1990 年第 2 期。

出版社陆续出版，包括英国著名课程论专家丹尼尔·劳顿等人的《课程研究的理论与实践》，美国课程论专家比彻姆的《课程理论》，日本学者伊藤信隆的《学校理科课程论》等课程论的经典著作。

20世纪80年代初，在文化思想领域"拨乱反正"运动的鼓舞下，理论界一度兴起了对传统教学思想重新评估的热潮。为此，很多教学论研究者花费大量精力对古代教育家的教学思想进行了专题探讨和研究，对传统教学思想、教学原则、教学方法、教学艺术等进行深入阐释。在此基础上，一些学者对中西方教学思想史进行了系统梳理和分析，对中国古代经典文本中蕴藏的教学思想进行了深入挖掘，出版了一批各具特色的教学思想史方面的著作和教材，其中代表性的有田本娜编著的《外国教学思想史》（人民教育出版社1994年版）和董远骞编著的《中国教学论史》（西南师范大学出版社1989年版）。

在课程与教学论学科恢复阶段，前辈学者除了引进国外教学理论以及对传统教学思想进行梳理和研究之外，也积极探讨教学论与课程论学科的基本范畴，尝试构建教学论与课程论的理论体系。经过多年的研究与探索，我国教学论与课程论的学科理论体系建设获得了长足进步，学科架构逐步形成，理论体系不断成熟，一批有影响力的著作与教材陆续出版（见表3-5）。

表3-5　　　　　　　前辈学者出版的课程与教学论教材

编著者	教材名称	出版社	出版时间（年）
胡克英	《教学论研究》	教育科学出版社	1981
董远骞、张定璋、裴文敏	《教学论》	浙江教育出版社	1984
王策三	《教学论稿》	人民教育出版社	1985
吴　杰	《教学论：教学理论的历史发展》	吉林教育出版社	1986

续表

编著者	教材名称	出版社	出版时间(年)
罗明基	《教学论教程》	黑龙江人民出版社	1987
刘克兰	《教学论》	西南师范大学出版社	1988
何志汉	《教学论稿》	西南师范大学出版社	1988
陈　侠	《课程论》	人民教育出版社	1989
李秉德	《教学论》	人民教育出版社	1991
廖哲勋	《课程学》	华中师范大学出版社	1991
吴也显	《教学论新编》	教育科学出版社	1991
唐文中	《教学论》	黑龙江教育出版社	1991
刘克兰	《现代教学论》	西南师范大学出版社	1993
刘云翔	《中小学应用教学论》	辽宁大学出版社	1993
吴文侃	《比较教学论》	人民教育出版社	1996

我国课程与教学论领域也有一批20世纪30年代以后出生的学者，如李定仁、裴娣娜、钟启泉、廖哲勋、裴文敏、旷习模、张楚廷、关甦霞、郭文安等，他们在承继前两代学者研究基础上，拓展了课程与教学理论研究，推进了学科的深入发展。课程与教学论学科的发展也离不开教育学其他学科领域的支持。教育学原理、教育史、比较教育、高等教育、教育技术学等学科也有一批前辈学者，他们在自身专业领域孜孜耕耘的同时，也为课程与教学理论研究与人才培养做出了不可磨灭的贡献。当前，高师院校课程与教学论学术梯队在不断完善，"60后"已成为课程与教学论学科发展的支柱；"70后"正在成长和壮大，成为学科发展的主体依靠；"80后"也崭露头角，逐渐成为学科发展的生力军；"90后"也开始成长，成为学科发展的后备力量。回望课程与教学论前辈学者渐行渐远的身影，追忆他们的职业生涯，我们当

铭记他们对于学科发展的开拓引领之功,要继承和发扬优良的学术传统,在新的时代背景下继续凝心聚气,同心协力,共谋课程与教学论学科的未来发展。

三 课程与教学论团队建设的实践探索

当今是合作交往的时代,团队运作已成为一种高效的社会管理模式和组织方式。团队不是一般的、松散的社会群体,而是成员间实质关联、紧密融合而成的有机整体,是一种高度一体化的特殊组织。团队建设的理念已引入高校管理系统,成为高等学校改革与发展的重要战略。教师职业既具有个体性,需要教师独立开展工作;又具有社会性,需要群体合作和相互学习。团队合作能够让教师在共同目标的指引下紧密联结,彼此分享知识、共享资源、协作互助、共同成长。在高师院校,课程与教学论团队的建设有助于凝聚教师教育资源,形成学科发展合力,推进高师院校的改革与发展。

(一)课程与教学论团队建设的价值

1. 促进课程与教学论学科的发展

知识不是纯粹个人主观意念的产物,而是群体互动和社会建构的结果。维特根斯坦认为,"知识就其本性而言是社会的。我们与他人互动、加入其他群体不能归于偶然因素,他人与群体是我们认知过程的具体语境,它构成了我们知识信念及知识的全部内容。"[1] 马尔凯也曾指出,学科知识是在同行研究者磋商的过程中确立起来的,只有经过直接互动,学科知识才能得以有效传播。[2] 纵观学术发展史,任何一门学科的产生和深化,从问题的确立、研究的开展到结论的甄别都离不开集体智慧与团队精神。20 世纪 20 年代开始,欧洲哥本哈根实验室吸纳了一批富有活力的青年科学家,形成了蜚声世界的哥本哈根学派。该学派为量子力学的创立和发展做出了开拓性贡献,所开创的

---

[1] [英] 维特根斯坦:《哲学研究》,陈嘉映译,上海人民出版社 2001 年版,第 124 页。

[2] [英] 迈克尔·马尔凯:《科学与知识社会学》,林聚任等译,东方出版社 2001 年版,第 97 页。

团队合作文化在科学史上广为传颂。其代表人物卡尔·海森堡（Werner Karl Heisenberg）曾提及，"科学根源于交流，在不同的人合作之下，才能孕育出极为重要的科学成果。"① 如今，科学研究已逐渐进入"集体劳动"时代，很多课题需要研究者进行跨学科合作，个人的"单打独斗"难以顺利地完成综合化的科学研究和解决复杂的技术问题。

　　人文社会学科如果脱离了同行之间的协作和沟通，仅仅依靠学者躲在书斋里进行孤立的研究，也很难有真正的理论创新。互动交流与信息共享是当今人文社会学科知识生产的有效机制，它能促进不同思维的碰撞，"周围的每个人对自己的思维都有不同程度的影响，实现集体学习是可能的……而且集体可以做到比个人更有洞察力，更为聪明，团体的智商可以远远大于个人智商"②。近年来，课程与教学论学科不断发展，教师队伍也日益壮大，但其学科地位并未得到充分彰显，反而有被边缘化的趋势。这种尴尬处境固然有难以规避的客观原因，但也与学科队伍分散，缺少一个基于共同目标、相互依赖与协作的学科共同体密切相关。倘若课程与教学论专业教师之间能形成一个紧密团结的集体，展开真诚的对话，进行信息的共享，将有助于认清自身视野的局限，激发学术灵感，促进学科的深化发展；同时也会让团队中的每一位教师获得学科归属感，增强集体责任感，更积极地传播研究成果，体现社会价值。

　　2. 提升课程与教学论教师的教学素养

　　作为教师教育课程的主要承担者，课程与教学论专业教师理应比一般高校教师具备更高的教学技能和教学水平。然而事实并非如此，很多掌握一定课程与教学理论的教师未必不能展现出相应的教学素养。马克斯·范梅楠如此解释，"人文科学并不把理论视为超越实践、驾驭实践的产物，而认为理论是加强实践的。实践是第一位的，理论则是反思实践而产生的结果……因而，有些人即使学会了有关教学的理论和所有知识却不适合做老师，这也是很自

---

① ［美］彼得·圣吉：《第五项修炼——学习型组织的艺术与实务》，郭进隆译，上海三联书店1997年版，第271—272页。

② 同上。

然、顺理成章的。"① 显然，理论与技能之间并不是一一对应的关系。思想转化为行动，理论转化为技能，依赖于教师的实践参与和自我反思。

课程与教学论专业教师需要通过自身的实践来内化学科知识，实现理论向行为的转化。日本教育学者佐藤学通过研究大量案例，发现了教师专业成长的一条规律——"一名初任教师要成为'教学专家'，至少需要开展百次以上的课堂观摩和课例研究"②。高师院校是一个公共场域，共通的课程与教学经验、相似的教育生活和相同的职业发展诉求，为教师之间的合作与学习提供了契机。如果他们能摆脱"原子化"的生存方式，形成紧密的教师团队，在教学上互相协作、共同研讨和深入交流，将有助于提升自身的教学能力。

3. 强化高师院校的教师教育特色

办学特色是高校凭借学校传统，对自身、社会及市场的各种资源进行整合提升而形成的被社会公认的整体办学优势，其反映的是一所学校的独特内涵。办学特色的形成和发展是高校人才培养质量提升、学校管理水平优化的体现，也是高校的核心竞争力所在。新世纪以来，基础教育领域经历了深刻变革，课程与教学观念不断更新，新的课程与教学范式正在形成，这对中小学教师提出了更高要求，也对高师院校的培养目标提出了新的挑战。为了深化教育领域的综合改革，2011年10月，教育部出台了《关于大力推进教师教育课程改革的意见》，提出要创新教师教育模式，优化教师教育课程体系。当然，要切实推进教师教育改革，创新人才培养模式，既应该有正确的理论与思想作指导，又需要对课程体系进行理性规划和科学设计。课程与教学论专业教师对教师教育课程的理解有显著优势，有条件成为高师院校办学模式改革的引领者。可以说，建设一支兼具理论素养与改革热情的课程与教学论专业教师团队，促进高师院校教师教育革新，是彰显高师院校办学特色的重要

---

① ［加］马克斯·范梅南：《生活体验研究——人文科学视野中的教育学》，宋广文等译，教育科学出版社2001年版，第1—19页。

② ［日］佐藤学：《学校的挑战——创建学习共同体》，钟启泉译，华东师范大学出版社2010年版，第167—168页。

途径。

高校不是孤立于社会之外的象牙塔，而是一种公共性的社会机构，应该在人才培养、科学研究的同时发挥其社会服务职能。加强与中小学合作，服务和干预基础教育，对区域基础教育发挥应有的影响力，这既是高师院校改革和发展的新方向，也是高师院校社会职能的重要体现。课程与教学论专业教师在参与中小学改革过程中，通过团队合作，深入了解区域基础教育的实际，观察、研究实践中的具体问题，能够为中小学课程与教学改革提供必要的咨询和指导。

（二）课程与教学论团队建设的现状

课程与教学论团队建设可以为学科知识的生产及整个学科的发展提供制度保障、人力支持和物质载体，其自身也是课程与教学论学科发展的重要组成部分。系科设置、学位点建设与教师队伍培养是一门学科发展的重要标志，也是团队建设的主要内容与依托。改革开放后，随着高师院校课程与教学论学科的恢复和发展，教师团队逐渐形成和壮大。近年来，我国高师院校积极推进课程与教学论团队建设，取得了一些成效，但也存在诸多问题。

1. 相互疏离，合作不畅

从高师院校的学科布局来看，课程与教学论由基本理论方向和学科方向（语文、数学、外语、物理、化学、生物、体育、历史、思想政治教育等）构成。前者多开设在教育学院（或教师教育学院），后者主要分布在各个院系。课程与教学论专业教师尽管身处同一所高师院校，同属一个学科，但分属于不同的组织单元，导致他们彼此疏离，难以形成共同的价值旨趣和学科认同。尤其对各学科方向的教师而言，他们既要从事学科课程与教学理论研究，也常常要分担母学科专业课程的教学工作，这种双重身份常常使他们缺乏团队归属感，"进也难，退也难，直让人有无所适从之感……先天性地处于一种不知是人为还是天造的夹缝中"[①]。

---

① 史晖：《"我"将何去何从——高师院校学科教学论教师的生存困境》，《教师教育研究》2009年第4期。

不可否认，长期以来高师院校为教师提供了相对自由、舒适的文化环境，其宽松的内部管理可以保障教师在完成基本工作之后，拥有较充足的空余时间，保持相对独立的个人空间。但由于条件的限制，很多高师院校不能给专业教师提供足够的公共交往空间，这在一定程度上导致了他们习惯于"独来独往"的生活，不愿意与同事开展交流与合作，形成了个人主义的教师文化。正如帕克·帕尔默所描述的："我们的教学几乎总是像独奏一样，永远在同事的眼光以外。当走入这个被称为教室的工作场所时，我们把同事关在门外。离开以后，很少去谈论发生过什么或接着会发生什么。这是由于我们并不习惯讨论共同的经验。"① 此外，长期存在的"文人相轻""同行是冤家"的观念也是教师之间彼此隔离、缺乏协作的重要原因。可以说，高师院校教师之间的关系是非常微妙、复杂的，"同事之间常常处于紧张状态，这种关系由于长时间集中在一个逼仄的空间里不断被激化，几乎在任何一所稍有历史尤其是以文科见长的大学里，同事之间都存在'历史问题'"②。而且，在以排他性竞争为主要特征的专业职务晋升标准的影响下，高师院校课程与教学论专业教师之间也常常心存芥蒂，互不相容，难以建立友好、合作的人际关系，这直接影响了校内教师团队的建设。

2. 地位下滑，影响力弱

今天，一般都承认课程与教学论是高师院校具有鲜明教师教育特色的重要学科，这不仅可以从师范院校的性质和担当方面去说明，也可以从课程与教学论学科在高师院校应发挥的功能方面去辩护。然而，仅仅宣称课程与教学论学科在高师院校的重要性是苍白的，还需要强有力的证据。重要性一般体现在两个方面："第一个方面需要具有外部影响或结果，是外部结果的因果关系上的源泉，是结果出现的场所，所以其他人或其他事物受到你的行动的影响；重要性的第二个方面需要必然被人考虑，需要产生影响（即使被考虑的行为是一种影响或结果，它也值得分别加以提及）。如果

---

① ［美］帕克·帕尔默：《教学勇气——漫步教学心灵》，吴国珍等译，华东师范大学出版社 2014 年版，第 136 页。

② 王晓渔：《学术共同体的消逝与重建》，《中国图书评论》2008 年第 4 期。

说重要性的第一个方面需要成为形成结果的因果关系上的源泉,第二个方面就需要成为回应——对你的行动、品质或在场的回应——流向的场所。他们以某种方式注意、考虑到你。"①改革开放40多年来,经过几代学者的努力,课程与教学论拥有了一大批硕士点和博士点,加之课程与教学论包含众多的学科教学研究方向,因而逐渐成为高师院校研究队伍最庞大的教育学科。但是,我们应该承认课程与教学论研究队伍的不断壮大并没有带来课程与教学论学科威信在高师院校的相应提升。而且,在高师院校不断迈向综合化发展的进程中,课程与教学论在高师院校中的重要性不仅没有充分地彰显,反而有被边缘化的趋势和危险,甚至越来越显得无足轻重了。这固然有很多难以规避的客观原因,但我们高师院校的课程与教学论研究者自身具有不可推卸的责任。课程与教学论是理论性学科,更是实践性学科,应当具有学术品味,更应具有职业教育的特征。以此反观,高师院校的研究者对课程与教学论学科缺乏清晰的认识无疑是其重要性不能彰显的重要原因之一。②

20世纪90年代,随着国家高等教育政策的调整,高师院校积极开设非师范专业,朝向综合化趋势发展。有资料表明,从20世纪90年代初到2005年,国家先后批准建立的高等师范院校由290所缩减为153所,总共减少了137所③。一些高师院校不顾校情,盲目跟风,一味追求综合化,甚至急于更换校名,摘掉"师范"帽子,淡化或削弱了教师教育的特色与优势。目前,大多数高师院校中的非师范专业数量已经超过了师范专业,曾经占有重要地位的教育系科遭到其他强势系科的挤压,课程与教学论学科在校内的地位和影响力也有所下降。

课程与教学论学科影响力薄弱还表现在对区域基础教育未能进行积极、有效的介入。课程与教学论是高师院校与中小学密切联系和协作的重要学科,

---

① [美]罗伯特·诺乔克:《经过省察的人生:哲学沉思录》,严忠志等译,商务印书馆2007年版,第158页。
② 徐继存:《嵌入现实教学中的教学论思考》,《课程·教材·教法》2014年第1期。
③ 胡玲翠:《教师教育开放背景下师范大学综合化转型研究》,博士学位论文,陕西师范大学,2014年,第49—50页。

其教师队伍是介入和影响基础教育的一支重要力量。因此，课程与教学论专业教师理应发挥自身理论优势，积极参与大中小学合作，推动基础教育课程与教学的改革。但是，长期以来很多课程与教学论教师依托高师院校提供的较为优越的工作条件，安居于宁静的大学校园中，过着相对自足的生活，习惯于纯粹的理论思辨研究，缺乏足够的动力与中小学开展合作，尚未充分参与到基础教育课程与教学改革中。当然，还有一些教师刻意回避、远离中小学一线，是由于他们对基础教育的现状、新课程标准和新教材以及课堂教学改革缺乏深入研究，不善于与中小学交往和交流，因而没有足够的能力和充分的自信开展与中小学的合作。

3. 梯队乏力，结构单一

良好的教师团队在结构上应至少包含带头人、若干骨干教师和一批后备人才，并且成员在年龄结构、学缘结构和知识结构上合理搭配、优势互补，才能实现可持续性发展。20世纪90年代以来，老一代学者年事渐高，纷纷离退，高师院校课程与教学论队伍新旧更替，逐渐向年轻化过渡。但总体而言，很多高师院校课程与教学论梯队建设跟进不足，影响了学科的后续发展。第一，梯队衔接乏力。不少高师院校的教师团队在年龄结构上存在断层现象，缺乏有效衔接，影响了后续发展。第二，后备人才储备不足。近些年来，高师院校之间的竞争日趋激烈，一些院校骨干人才流失严重，团队涣散，学科发展后继乏人；还有一些高师院校因区位劣势明显，学科发展基础薄弱，无法吸引优秀师资，妨碍了后备人才的储备。第三，学缘结构存在同质化倾向。一些高师院校教师队伍毕业院校比较单一，学科背景相似，知识结构趋同，导致课程与教学论团队建设视野狭窄，限制了学术创新和学科的外向拓展。当然，还有一些高师院校受各种因素制约，未能遴选出优秀的团队负责人，缺乏有效的组织和领导，团队松散，凝聚力不足。

4. 平台差异，发展失衡

高师院校按照学校属性大体可分为三类：一是综合性强的部属高师院校和省属重点高师院校；二是办学水平较高、学科布局较合理的各省属重点高师院校；三是带有教师教育性质的地方高师院校。需要交代的是，此处所谓地方高师院校是指隶属于各省（自治区和直辖市政府）或由省、市共建，以市级人民政府管理为主的师范专科学校、师范学院或师范大学。传统意义上的师范专科学校已基本全部升格为学院或大学，不再冠有"师范"之名，但仍然承担着大量的教师教育工作，这类学院或大学仍然算是高师院校。华东师范大学、西南大学等院校的课程与教学论学科历史积淀雄厚，人才队伍相对稳定，团队实力较强；其他教育部直属高师院校和个别省属重点高师院校，课程与教学论学科有较好的发展基础，获得更多政策上的倾斜，团队建设呈现良好的发展态势，延续了在国内课程与教学论专业领域的地位和影响力。不过整体看来，由于高师院校之间属性地位不同，课程与教学论学科的支撑平台差异巨大，人才培养基础参差不齐，学科发展很不均衡；大部分高师院校由于历史基础薄弱，政策扶持不足，在学科发展、学位点优化和人才储备等方面存在诸多障碍，严重影响了课程与教学论团队的持续发展。

（三）课程与教学论团队建设的探索

高师院校课程与教学论团队的建设与教育系科的发展密切相连。该部分以山东师范大学课程与教学论团队建设为例，进行考察，以期为国内同类高师院校的课程与教学论团队建设提供启示。山东师范大学教育系科初创于20世纪50年代，是建校之初设立的六大学科之一。课程与教学论学科兴起于20世纪80年代初，鲍兆宁、潘伯庚、刘继武等学者较早开展教学论研究，招收和培养教学论方向的硕士研究生。该校1998年获得课程与教学论专业硕士学位授权点，2006年获批博士学位授权点。

1. 团队建设的实践

近年来，山东师范大学课程与教学论学科依照"校内—省内—国内"的团队建设思路，不断整合资源，完善学科机制，采取了多项措施，进行了不懈的实践探索。

（1）内部整合，壮大校内团队

团队发展离不开内部成员之间的合作、互助和交流。课程与教学论团队建设也要首先从内部着手，团结校内师资力量，建设富有凝聚力、向心力的校内团队，提升课程与教学论学科在全校的影响力。在加强校内团队建设方面，主要围绕以下四个方面开展：

首先，加强学科平台建设。2006 年，山东师范大学教育系科进行了调整，撤销教育科学学院的建制，分别成立了心理学院和教育学院，教育学院下设课程与教学系、教育系和学前教育系。课程与教学系设立后，课程与教学论开始有了稳固的组织架构，教师队伍逐渐壮大，承担了理论研究、人才培养和学科建设的任务。2011 年，为了进一步体现学校的办学特色，聚集课程与教学论的学科资源，学校批准成立了"基础教育课程与教学研究中心"（课程与教学研究所）。该中心是与教育学院并列的有独立建制的学校二级单位，承担全校课程与教学论专业理论研究和研究生培养的任务。该中心的成立，有力地凝聚了学科资源，壮大了学科队伍，促进了学科团队的快速发展。目前，山东师范大学课程与教学论团队拥有"教育部基础教育课程研究中心"、山东省重点新型智库——"山东省基础教育发展与政策研究中心"、山东省高校人文社科重点强化研究基地——"基础教育课程与教学研究中心""山东省一流学科"等平台，形成了硕士、博士培养以及博士后研究一体化的育人机制。

其次，强化校内学术交流。开展校内学术交流是团队建设的重要内容，对教师学科归属感的培养和学术素养的提升发挥着不可替代的作用。一个真正的团队不是因为工作需要形成的，而是基于共同的志向和追求汇聚在一起。课程与教学论团队不只是一个实体性组织，更是一个学术共同体、一个精神共同体，团队成员之间"不仅是同事，更应该是同仁"[1]。为了营造良好的学术环境，强化教师之间的学术交流，该团队除了借助专家讲座、研究生学位论文开题和答辩等常规形式之外，还定期举行"课程与教学论学科发展论坛"，举办"课程与教学论专业博士生沙龙""课程与教学论研究生读书会"，将校内不同学科方向的课程与教学论教师联合起来，共同讨论有关学科未来

---

[1] 王晓渔：《学术共同体的消逝与重建》，《中国图书评论》2008 年第 4 期。

发展的问题，建立了稳定的学术交流机制。

再次，开展课程与教学研讨。当前高师院校课程与教学论队伍逐渐壮大，学历层次得以提升，但由于缺乏系统的职业技能训练，一些青年教师的课程建设能力与教学素养亟须提高。基于此，该团队经常召集语文、数学、化学、体育、外语等学科方向博士点负责人和骨干成员，举办课程与教学研讨会，就课程目标、课程内容、教材编写、教学方法、评价方式等方面进行充分交流。同时，定期举办公开课，组织青年教师参加各种形式的教学技能比赛和课堂观摩活动，帮助教师提升教学技能，改进教学方法，提高课堂教学质量。

最后，推进与中小学的合作。强化高师院校与中小学的合作，促进双方的协同发展，已经成为深化教育领域综合改革的重要途径。对课程与教学论专业教师而言，与中小学开展合作，参与课程与教学实践，是促进自身专业成长的重要途径。近年来，该团队先后与青岛李沧区教育局、淄博市教育局、济南历城区西营镇教育办以及河南省济源市教育局开展区域协作，建立了实验区，设立了青岛北山小学、济南西营中学、济宁梁山实验二小等多所实验学校，组织团队教师定期赴实验区和实验学校开展调研活动，参加校本教学研讨，联合进行课程开发，指导课堂教学改革。团队通过与中小学开展多方面的合作，构建起了交往密切的"U-S"合作共同体，促进了区域基础教育的发展，产生了广泛而积极的社会影响。其中，山东师范大学课程与教学论团队成员参与的5个合作项目均获2018年度国家基础教育教学成果奖。

（2）区域合作，汇聚省内团队

经过多年努力，山东师范大学在协作多所高师院校、构建山东省课程与教学论学科协作联盟的基础上，联合省、市教科院（教科所）的资源和力量，定期举办学术会议，开展调查研究和专题探讨，形成了辐射全省的课程与教学论团队。

首先，构建区域联盟。省内高师院校由于在地理空间上较为接近，在服务当地基础教育方面有共同的需求，在学科发展中存在更多利益共同点，因而可以在课程开发、人才培养、师资共享、课题研究等方面开展合作，实现学科的共享发展。省属重点高师院校拥有更多学术资源和较高学科平台，在区域高等教育中有较大的影响力和号召力,应该在区域合作中发挥领导作用。区域联盟是当前高师院校之间合作的重要途径和方式,它有利于盘活区域内高等教育资源,克服单一院校学科势力和教师队伍的不足,实现各方的共赢发展。目前,地方高师院校正处于质量提升、发展转型和改革创新的关键期,构建区域联盟则不失为地方高师院校破解发展难题和提升核心竞争力的重要举措。

2013年,山东师范大学联合省内含有师范教育的地方综合性大学和高师院校,成立了"山东省课程与教学论学科协作联盟",旨在联系全省课程与教学论学科的教师队伍,增进山东省内地方高师院校之间的交流,促进信息沟通、学术交流、人才培养、业务合作与课题研究,构建全方位、多层次的紧密型协作关系。迄今,联盟已在济南、泰安、聊城、曲阜、青岛、烟台、临沂、德州等地连续举办了八届学术会议(见表3-6),参会人数逐年增多,学术影响逐渐扩大,搭建起山东省内高师院校课程与教学论学科合作的新平台。

表3-6　　山东省课程与教学论学科协作联盟历届会议

届次	时间(年)	主题	举办单位
第一届	2013	山东省课程与教学论学科发展	山东师范大学
第二届	2013	课程与教学论博士论文选题与研讨	聊城大学
第三届	2014	中小学课程建设与综合实践活动课程	泰山学院
第四届	2015	学校课程整合的理论与实践研究	曲阜师范大学
第五届	2016	综合改革背景下的基础教育课程与教学	青岛大学
第六届	2017	基础教育课程与教学的发展	鲁东大学
第七届	2018	立德树人与时代变革: 核心素养·课程创新·教学改进	临沂大学
第八届	2019	新中国成立70年我国基础教育课程与教学发展的回顾	德州学院

其次，开展联合调研。新一轮基础教育课程改革已经取得显著成就，迫切需要对改革成功的经验和优秀案例进行深入调查研究。地方高师院校通过区域合作，共同参与调研，可以为区域基础教育发展提供咨询和服务。近些年来，团队立足山东实际，联合省内课程与教学论队伍，承担了教育部、省教育厅、社科联和省民意调查中心等机构委托的多项调查，先后组织多个调研组赴全省十七地市，针对山东省高中课程改革、山东省内基础教育城乡差异、山东省基础教育课堂教学改革状况、山东省教育的公众满意度和高校毕业生课程满意度等问题开展大规模的调研，完成了多份调研报告。在调研过程中，团队坚持理论研究与实践相结合的原则，重视课程与教学基本理论问题研究，立足于解决山东省基础教育课程和教学实践问题，组织团队成员就"课堂教学模式改革""综合实践活动课程实施""学校课程建设"等展开专题研讨，撰写和发表了系列专题研究论文。同时，团队积极与政府及相关部门开展合作，提供教育咨询与建议，促进理论成果的转化，为山东省基础教育的发展提供了现实依据和决策参考。

（3）视野拓展，构筑国内团队

课程与教学论学科的发展不仅要依赖校内和省内团队的建设，而且需要国内团队的全方位支持。山东师范大学联合全国二十多所高师院校课程与教学论博士点负责人及其骨干力量，开展多种形式的合作。

首先，承办专题会议，扩大学术交流。学术会议是学科交流的主要平台。利用全国性学术资源，举办高水平专题会议，塑造浓厚的学术氛围，有助于扩大学科交往，开阔学科发展的视野，提升课程与教学论团队在高师院校的地位。近年来，山东师范大学先后承办了"全国首届教学文化研讨会（2007）""课程与教学论研究的责任与使命学术研讨会（2011）""全国课程与教学论博士点协作与建设工作会议（2013）""综合实践活动专题研讨会（2014）""全国首届教学论专业博士生论坛（2015）""地方师范大学教育学科的建设与发展高峰论坛（2019）"，并鼓励青年教师参加国内外相关学术会议。通过举办、协办和参加学术会议，团队加强了与国内高师院校课程与教学论学科的协作，提升了本校课程与教学论学科在全国的影响力，促进了青年学术人才的快速成长。

其次，聘请知名专家，开设专题课程。制约省属高师院校课程与教学论学科发展的一个主要瓶颈是优秀师资的匮乏。对基础条件较差的省属高师院校而言，借助和利用全国的资源成为提升课程质量及优化人才培养的重要途径。山东师范大学课程与教学论团队通过聘请知名专家，来校开展短期讲学、学术讲座和专题授课等方式，强化了与国内同行的联系。自 2011 年开始，该团队面向全校课程与教学论专业研究生开设"课程与教学论前沿问题研究"课程，至今已邀请 80 余位来自国内外高师院校和教育科研机构的知名学者进行授课，带来了丰富、多元的学术信息，扩大了学科研究的视野。

再次，推进课程建设，协同编写教材。多年以来，国内虽然已经出版了大量课程与教学论教材，但缺乏系列性和层级化，不能很好地满足当前各类高师院校教师教育改革的需求。对此，该团队组织全国十几所重点高师院校的学科骨干，开展了对课程与教学论教材的理论研究，总结了我国课程与教学论教材建设的经验，分析了当前教材建设存在的问题。在此基础上，共同编写了《现代教学论基础》（北京大学出版社 2008 年版）、《课程与教学论》（高等教育出版社 2009 年版）、《当代课程论文选》和《当代教学论文选》（山东人民出版社 2013 年版）、《中学综合实践活动》（北京师范大学出版社 2015 年版）等教材，该系列成果曾获 2014 年度国家高等教育教学成果二等奖。

最后，为提高青年教师的课题研究能力，该团队定期邀请国内相关专家对课题项目进行集体论证，共同研讨，修正研究方向，凝练研究主题，提高了申报的成功率，也增强了青年教师课题研究的自觉意识，提升了承担和开展课题研究的能力。

（四）课程与教学论团队建设的成效

在团队建设中，山东师范大学以提高人才培养质量为出发点，以组织机构建设为根基，以学科发展为驱动力，以教师梯队建设为重点，经过长期的实践与探索，取得了较好的成效。

首先，梯队建设成绩显著。历经十余年的建设与发展，山东师范大学已经形成了一支专业背景齐全、队伍结构合理、研究成果突出、省内影响较大、在全国有较高知名度的课程与教学论团队。目前，校内团队成员共50余人，其中教授18人，副教授33人，博士生导师12人，硕士生导师30余人，90%以上具有博士学位。团队成员年龄结构相对合理，45—55岁约占30%，35—45岁约占39%，35岁以下占30%。在学缘结构上，90%的教师毕业于全国各重点高师院校，多人留学或毕业于美国、英国、加拿大、韩国、日本等国的知名高校。团队中有"万人计划"国家教学名师1人，担任全国专业学会副理事长以上4人，教育部"国培计划"专家2人，山东省泰山学者特聘教授1人，山东省有突出贡献的中青年专家2人，山东省高校首席专家1人，山东省社会科学名家1人，山东省理论人才百人工程1人，获霍英东教育基金会高等院校青年教师奖2人，获曾宪梓高师院校优秀教师奖1人，全国优秀教育硕士指导教师4人。

其次，理论研究深入推进。山东师范大学课程与教学论学科关涉十几个学院，是全校所有学科中最大的一个二级学科。团队根据实际情况，较早确立了课程与教学基本理论、理科课程与教学、文科课程与教学三个相对稳定的研究领域，作为理论研究和学科发展的重点。课程与教学基本理论领域开辟了许多新的研究方向，在教学文化、教学制度、教材分析、课程建设、乡村教育等方面的研究取得系列成果，对教学论的学科性质、学科立场、思维方式和研究方法等方面的探索在全国产生了良好的学术影响。在理科课程与教学方面，团队着眼于学科基本理论问题，在"化学基本概念""化学教学设计""数学教育""数学史""科学课程编制"和"生物学实验教学"等方面的研究卓有成效。在文科课程与教学方面，立足中小学教学实践，关注学科理论前沿，在"语文阅读活动论""语文教学解释学""语文教学本体论""语文教育方法论""语文教育哲学""富有想象力的课堂教学"等方面的研究获得了重要进展。

在团队建设过程中，山东师范大学课程与教学论学科通过明确科研重点、确立主攻方向、完善支持科学研究的具体措施，鼓励成员承担开拓性、高层次研究课题，发表高水平学术成果，教师科研水平得到长足发展。近十年来，先后承担国家社科基金（含教育学单列）课题 20 余项，教育部人文社科课题近 30 项，各类省级科研课题 50 多项；出版著作超过 20 部，在《教育研究》《课程·教材·教法》等期刊发表学术论文 200 余篇。其中，3 项成果获教育部高校人文社科奖，19 项获山东省社会科学优秀成果奖。

再次，教学改革成果丰硕。教学是高师院校的中心工作，也是教师团队建设和发展的立足点。该团队始终坚持以人才培养为主要目标，发挥教师教育优势，努力提升师范生的综合素质，加强教师教育课程体系与教材建设，取得预期成效。"高师院校课程与教学论教材的研究与层级化建设"获国家高等教育教学成果二等奖（2014）；《现代教学论基础》（北京大学出版社 2008 年版）被列为国家"十二五"规划教材，获山东省高校优秀教材一等奖；《课程与教学论》（高等教育出版社 2009 年版）被列为国家教师教育核心教材；《中学综合实践活动》（北京师范大学出版社 2015 年版）列为全国百所高校规划教材、教师教育精品教材；《义务教育化学课程标准实验教科书》（山东教育出版社 2004 年版）通过教育部审定，成为全国中小学通用教材。团队以促进学生发展为目标，更新教学方式，开展研究性教学，实施案例教学，并充分利用现代教育技术，挖掘网络教育资源，推进了教师教育和研究生教育模式的改革，获得了较好的社会反响。"中学化学教学设计"获批国家精品资源共享课程建设项目；"大学——中小学合作中自主创建办学特色的探索历程"案例，入选"中国专业学位教学案例中心"案例库；"初中化学实施观念建构教学的理论与实践研究"（2014）获国家基础教育教学成果二等奖；"全日制教育硕士'三段交互式'实践教学模式的建构与应用"获全国教育硕士专业学位教学成果奖一等奖。

最后，区域影响力显著提升。该团队通过联合省内高师院校，形成山东省课程与教学论学科协作联盟，协同开展理论研究，共同推进学科发展，壮大了省内课程与教学论学科的力量，扩大了在全国的影响力。同时，通过与区域中小学结合，形成教学与科研共同体，开展合作研究，促进了区域基础教育的改进，发挥了课程与教学论学科的社会服务功能，彰显了课程与教学论学科应有的实践价值。其中，团队与济南市历城区西营镇合作开展的"乡村微型学校区域协同发展"、与河南省济源市教育局开展的"中小学校课程建设的区域推动"、与青岛市李沧区小学合作开展的"个性化教师专业发展""跨学科教研模式"、与梁山实验二小开展的"课程体系的统整"等方面的合作研究，均已取得阶段性成果，推进了合作学校的教学改革与发展。

（五）课程与教学论团队建设的思考

为了更好地促进课程与教学论学科发展和人才培养，要进一步开阔视野，深化改革，从多方面优化团队建设。

首先，注重团队的制度建设。团队的发展需要制度的规范和保障。制度的完善既是团队建设的重要内容，也是团队良性运行和可持续发展的保证。课程与教学论团队建设的过程中，高师院校要深化管理体制改革，建立、完善与团队发展相适应的外部制度与内部制度。外部制度主要包括学校层面的管理制度，如人事管理制度、岗位聘任制度、职称评聘制度、科研评价制度、教学评价制度等。外部制度调整有利于克服高师院校现有院系管理组织的弊端，打破影响团队发展的制度壁垒，促进团队成员的交往，为团队成员营造良好的成长环境。内部制度包括拟定团队活动的章程，规定成员行为的规范，制定考核评价的标准和奖惩措施等。合理的内部制度可以形成有效的激励约束机制，激发成员的士气和活力，规范成员的行为。强化内外部制度建设有利于塑造和形成良好的团队精神。团队精神是团队的灵魂，是共同认可的一种集体意识，集中体现了团队的价值追求和所有成员的心理状态，是凝聚人心、推动团队发展的精神力量。通过合理的制度建设，能形成互助合作的人际关系，培养团队成员的责任心、荣誉感和归属感，塑造共同的信念和价值观，形成积极向上的团队精神。

其次，实现团队活动的日常化。如果缺乏必要的过程管理，不能开展日常化的活动，团队就很难维持运行和获得持续改进和发展。课程与教学论团队建设不能"毕其功于一役"，而是一个长期、渐进的过程，应通过日常化的活动来实现。要维系日常活动的持续开展，提升日常活动的成效，就需要建立起日常化的交流与合作机制，对团队运行、成员组织、交流机制等问题进行规范。课程与教学论团队活动的日常化主要体现在学科发展、学术交流、人才培养和教学科研等方面。在团队日常活动管理中，要通过多种措施来保障各方面活动按照常规有序开展，避免虎头蛇尾。譬如，要预先制订年度（季度）工作计划，形成周密的活动方案，确定活动目的、时间、地点、内容，明确活动要达到的目标和效果。又如，要强化团队成员之间的分工与协作，让成员既能独自承担相应的任务，有明确的个人职责；又要共同运筹、相互支持，做到频繁互动，及时沟通。

最后，加强团队合作的国际化。学术的发展和人才的成长离不开国际交流与合作。课程与教学论团队建设不仅要加强区域协作，增进与全国高师院校的联系，还要拥有国际视野，加强与国外高校的交流，在国际交往中提升课程与教学论学科的影响力。在推进团队合作的国际化方面，地方高师院校囿于自身条件和资源的限制，可能面临较多困难，但可以有所选择，重点突破。一是可以选派中青年骨干教师到国外开展短期访学，了解世界课程与教学理论前沿，与国外同行建立良好的合作关系，开展合作研究；二是要承办高水平的国际学术会议，积极鼓励教师出境参与国际学术会议，拓展学术交往空间，扩大团队的国际影响；三是不断拓展人才培养渠道，与国外高校签订合作协议，建立固定的合作关系，通过多种方式，联合开展研究生培养，塑造具有国际视野的学科后备人才。

第四章　课程与教学论的教材建设

　　任何眺望未来的眼睛储存的都是过去的光景，课程与教学论学科的发展具有历史的累积性，其走过的每一步都以鲜活生命的形式延伸至今。站在厚重的历史根基上展望未来是目前课程与教学研究当为之举。而回溯已有的课程与教学论研究成果和存在的问题，从教材入手是最佳的方式。因为一个学科领域的教材代表这个领域的专业成就，也能反映该领域研究存在的问题。本书所指的课程与教学论教材，既包括在学校课堂教学中教师指定使用的教科书，也指在课程与教学论研究领域，大家公认的作为本专业学生必须学习的具有重要影响的著作。

　　我国课程与教学论教材从20世纪初在教育学、教授法教材中孕育，到20世纪二三十年代的迅速兴盛，先后经历中华人民共和国成立后前三十年的沉寂，十余年的重新起步和近三十年的深入发展，走过了百余年的发展历程。在这一历程中，课程与教学论教材一方面伴随着整个社会制度的变迁而经历了几次起伏与转变，另一方面也展示了自身发展的一致性与连贯性。本章试从历时性和共时性两个方面，分析百年来不同时期课程与教学论教材建设的价值取向、特点，总结经验与教训，以期对我国课程与教学论教材建设和学科的未来发展有所启发。

一 课程与教学论教材建设的孕育期

清政府于 1897 年在上海首次创办了南洋公学师范斋，此乃我国师范教育之滥觞。1902 年，京师大学堂之师范馆成立[①]。随着"壬寅学制""癸卯学制"的颁布，师范馆由短期、速成的师资培训讲习班，逐渐发展为初级、中等师范学堂、优级师范学堂的师范教育体制[②]。优级师范学堂作为一种国家统一承办的、独立设置、专门用于培养中学师资的机构，标志着高等师范学校在我国的开始，同时也被认为是中国高等师范教育体制的最初形式。随着师范学校的兴办，教育类课程（包含教授法内容）开设成为必要。1904 年 1 月，《奏定学堂章程》具体规定了"优级师范学堂"的教育学科课程，包含"教育理论、教育史、各科教学法"等，这标志着教育学类课程在高等师范院校开始设置。1913 年 2 月 27 日，民国政府教育部公布了《高等师范办学学校规程》，规定了高等师范学校"教育首宜授以心理学、伦理学之要略，进授教育理论、哲学发凡、教授法、近世教育史、教育制度、学校管理法、学校卫生及教育实习"[③]。其后，国民政府教育部也先后颁布过几次"师范学院规程"，对开设教学法、课程论等科目做过详细规定[④]。可以说，师范学校的兴起和迅速发展为教育学在中国的兴起和传播提供了重要载体，教学法作为师资培养的主要科目，在师范院校中逐渐确立了重要的学科地位。

---

① 1908 年改称京师优级师范学堂，1918 年改为北京高等师范学校（简称北高师），1923 年更名为北京师范大学。

② 我国近代设置的专门培养师资的高等学校，"优级"即"高等""高级"之意（与初级相对），是我国真正意义上的大学教育模式的开始，代表性的学校有京师优级师范学堂、两江优级师范学堂、福建优级师范学堂等。只是在 1912 年，优级师范学堂改为高等师范学校，由原来的省立变为国立。根据全国六个高等师范学区的划分，分别在北京、南京、武昌、广州、沈阳、成都设立了六所高等师范学校及一所北京女子高等师范学校。

③ 璩鑫等主编：《中国近代教育史资料汇编：实业教育·师范教育》，上海教育出版社 1994 年版，第 713 页。

④ 侯怀银：《20 世纪上半叶中国教育学发展问题的反思》，博士学位论文，华东师范大学，2001 年，第 137 页。

第四章　课程与教学论的教材建设

这一时期，我国开始大规模引进和翻译"教授法"（1922年改为教学法）著作和教材。据统计，自1912年至1949年，国人引介、翻译和出版的各国教授法、教学法著作超过30余部，有相当多是作为高师院校使用的教材。在引进的教学法教材中，1919年以前从日本翻译的居多，"五四"之后主要学习和引进欧美，尤其以美国居多①。在社会变革与国外教育理论的影响下，我国学者在兼顾国外理论并立足中国实际的基础上开始自编教学论教材，探索建立独立的中国教学论学科体系。与教学论引进的两个阶段相适应，我国教学论教材建设可划分为以引进教授法为主（见表4-1）和以自编教学法为主（见表4-2）两个阶段。我国学者自编教学法教材是在教授法课程改为教学法以后开始的。1917年，南京高等师范学校教育科教授陶行知首次提出将"教授法"改为"教学法"的观点，五四运动开始后南京高师将全部"教授法"课程改为"教学法"，其他高师院校也纷纷效仿。

表4-1　　　　　　清末我国翻译的日本教授法著作②

作者	著作名称	译者	来源	出版时间（年）
东基吉	《小学教授法》	沈纮	《教育丛书》第二集	1902
樋口勘次郎	《统合新教授法》	董瑞椿	文明书局	1903
田口义治	《小学校授学纲要》	章梫	上海会文堂	1903
神保小虎	《应用教授学》	山西大学堂	书院	1905
长谷川乙彦	《教授原理》	不详	《教育丛书》第五集	1905
木村忠治郎	《小学教授法要义》	蒋维乔	商务印书馆	1907
森冈常藏	《各科教授法精义》	白作霖	商务印书馆	1909

---

① 侯怀银：《20世纪上半叶中国教育学发展问题的反思》，博士学位论文，华东师范大学，2001年，第27页。

② 焦炜、徐继存：《百年教学论教材发展的回顾与思考》，《课程·教材·教法》2012年第9期。

表4-2　　　　　　清末民初我国教授法教材的出版情况①

编著者	教材名称	出版社	出版时间(年)
朱孔文	《教授法通论》	时中学社	1903
商务印书馆编译所	《各科教授法》	商务印书馆	1906
商务印书馆编译所	《教授法原理》	商务印书馆	1913
蒋维乔	《教授法讲义》	商务印书馆	1913
钱体纯	《教授法》	商务印书馆	1915
林壬、周维城、孙世庆	《实用各科教授法讲义》	中华书局	1916
余奇	《教授法要览》	商务印书馆	1917
李步青、范源兼、姚汉章	《新制各科教授法》	中华书局	1919
林景贤	《实用单级教授法讲义》	中华书局	1919

在这些师范学校中，还没有出现专门的"课程论"课程，但在教育学和教授法的一系列教材中，对当今大家公认的课程论研究内容有所涉及和论述。比如，张子河编写的《大教育学》（商务印书馆1914年版）。该书第五编用两章的内容分别论述了教材之选择及分类（修身、语学、历史、地理、理科、数学、图画、手工、音乐、游戏、体操、裁缝）、教材之排列法（ZH直进法、圆周的循环法、中心统合法）等，这属于今天课程论研究中的课程设置和组织的内容。王炽昌编写的《教育学》（中华书局1922年版）则把课程单列一

---

① 焦炜、徐继存：《百年教学论教材发展的回顾与思考》，《课程·教材·教法》2012年第9期。

章，对课程性质、学科分类、小学课程的各种价值、课程选择及组织等进行论述。在罗迪先译的日本人泽宗寿的《新教授法原论》中，专章论述了教材价值论。汤本武比古的《教授学》中也专章论述教授材料的选择和处置法。在这一时期出版的一系列教授法教材中，虽少有课程专论，但对教材内容的选择与组织问题大都有所论述。正是在这些教育学和教授法的教材中，课程论内容不断孕育和丰富，并为日后课程论作为独立学科的开设以及课程论教材的编写奠定了基础。

二 课程与教学论教材建设的首次兴盛期

20世纪20—40年代，虽然社会政局动荡、战乱频繁，但在西学东渐、洋为中用的时代背景下，中国教学论与课程论的理论研究和教材建设取得了丰硕成果。

（一）教学论教材的编纂

1922年，当时教育部组织审订、全国教育会联合会终审，以大总统令的形式正式公布实施《学校系统改革令》，即后来所说的《壬戌学制》。《壬戌学制》是在当时"五四"新思潮涤荡下北京政府无心重教、各行其是，学校教育方面的无政府和混乱状况日益严重的情况下，由民间团体发动并初步完成的。这一学制受美国的影响很大，尤其与美国教育家杜威、孟禄、克伯屈、帕克赫斯特等人的访华和讲学有重要关系。配合壬戌学制的施行，全国教育会联合会于次年颁布了《新学制课程标准纲要》，在课程目标、课程名称与内容、课时以及选课制与学分制等方面都做了规定。理论的驱动和实践的需要构成了这一时期教学论教材发展的原动力，在我国教学论教材发展史上具有十分重要的意义。在民国中后期二十多年时间内，我国学者编著的各种教学法教材数量庞大（超过100本），既适应了当时各类师范教育的需求，又对教育学科人才培养发挥了重要作用。

表 4-3　　20 世纪前半叶我国教学法教材的出版情况

编著者	教材名称	出版社	出版时间(年)
朱鼎元	《现代小学教学法纲要》	商务印书馆	1925
刘百川	《新小学教学法通论》	商务印书馆	1926
曹刍	《各科教学法》	中华书局	1927
曹刍	《新师范各科教学法》	中华书局	1930
范寿康	《各科教学法》	商务印书馆	1930
徐松石	《(实用)小学教学法》	中华书局	1931
谢恩皋	《小学普通教学法》	中华书局	1931
郭鸣鹤	《现代教学法通论》	北平文化学社	1931
吴研因、吴增芥	《(新中华)小学教学法》	中华书局	1932
赵廷为	《小学教学法通论》	商务印书馆	1933
程其保	《教学法概要》	商务印书馆	1933
赵宗预	《新著分团教学法》	商务印书馆	1933
张怀	《中学普通教学法》	立达书局	1933
陈云涛	《新教学法大纲》	光华书局	1933
朱晸旸、俞子夷	《新小学教学法》	儿童书局	1934
吴研因、吴增芥	《小学教材及教学法》	商务印书馆	1935
俞子夷、朱晸旸	《新小学教材和教学法》	儿童书局	1935
赵演	《小学教材及教学法》	世界书局	1935

续表

编著者	教材名称	出版社	出版时间(年)
俞子夷	《小学教材及教学法》	正中书局	1936
李清悚	《小学教材及教学法》	正中书局	1936
王镜清	《普通教学法大纲》	南方印书馆	1943
赵廷为	《小学教材及教学法》	商务印书馆	1944
罗廷光	《教学通论》	中华书局	1946
王士略	《教学原理》	文化供应社	1947

这一时期，我国学者开始自觉地建构独立的教学论学科（教授法、教学法）体系，而且在教材结构和内容上呈现多样化的特点，这标志着教学论的发展从偏于经验形态的分散化的表述走向较为系统的理论阐述与探讨。在第一阶段教授法的编写中模仿多于自创，在第二阶段教学法的编写中，除接受西方教学论外，还有变通和创新，教材结构表现出明显的多样化。综合各种普通教学法的教材，可将内容分为：教学和教学方法的意义；教学方法和儿童、教育目标、教材、教育环境的关系；教材的选择和组织；教学原则；教学方法；教学方式；上课及指导自习；教学效果的测量；等等。但是，不同教材在内容取舍上各有千秋，对各个问题的具体内容的安排也有差别。以教学方法为例，在罗廷光的《普通教学法》中作为一章，而在赵廷为《小学教学法通论》中分为七章，即练习的教学法、知识和思想的教学法、欣赏的教学法、重要的教学技术、自学辅导的方法、设计的教学法、适应个性的方法。王镜清《普通教学法大纲》（南方印书馆1943年版）则完全是一部教学方法教材。本书由引起动机、发问法、讲演与讲述法、解决问题法与解决问题、实物教学、设计法、社会化的教学、个别化的教学八章组成。再以教学原则

为例，罗廷光称为"教学所依据的重要原则"，俞子夷称为"教学方法所依据的重要原则"，两人所提的原则也有同有异。赵廷为《小学教学法通论》中则提出自动原则、类化原则、注意和兴味、同时的学习、熟练公式、个性适应，并将克伯屈的"同时的学习"和莫礼生的"熟练公式"均作为原则。朱鼎元《现代小学教学法纲要》出版较早，提出以诊断为出发点、善于引起动机、善用设计与问题法、从功用的进于技术的、从具体的到抽象的、从心理的进于论理的、先发表而后欣赏等七个原则。上述结构上的差异表明，在教学法形成的过程中，编者表现出各自的见解。[①]

（二）课程论的研究与教材编写

在我国，课程作为一个正式研究领域始于20世纪20年代初期，与当时的学制改革紧密联系。围绕新学制改革，我国教育学者纷纷开始研究课程，特别是中等教育课程。1922年5月，《教育杂志》刊出第14卷号外《学制课程研究号》，廖世承发表《关于新学制草案中等教育课程之研究》一文，论述了编制中学课程的基本原则。这篇论文是我国最早的有关课程的研究论文。[②] 1923年，程湘帆著的《小学课程概论》在商务印书馆出版，这是我国现代最早的课程论专著。其后，一些课程研究者相继出版了一系列课程研究专著（见表4-4）。另外一些美国课程论专著也逐渐翻译出版。譬如，博比特所著的《课程》一书由商务印书馆1928年翻译出版。在访华美国教育家的推动、壬戌学制的酝酿与施行的影响下，教育界对学制、课程、教材等内容的关注与研究迅速加强。1930年教育部编制的《大学科目表》中，课程编制被列为教育系第三、四、五年级的选修课。三四十年代，当时的中山大学、中央大学、复旦大学、东北大学、北京大学、北平师范大学、燕京大学、湖南大学、云南大学、桂林师范学院、贵阳师范学院等高校的教育系都开设了课程论课程。

[①] 焦炜、徐继存：《百年教学论教材发展的回顾与思考》，《课程·教材·教法》2012年第9期。
[②] 张廷凯：《我国课程论研究的历史回顾：1922—1997》（上），《课程·教材·教法》1998年第1期。

表4-4   20世纪二三十年代我国出版的有关课程研究专著

类型	编著者	教材名称	出版社	出版时间(年)
译著	庞希尔	《设计组织小学课程论》	商务印书馆	1925
	博比特	《课程》	商务印书馆	1928
	博比特	《课程编制》	商务印书馆	1943
课程理论研究	程湘帆	《小学课程概论》	商务印书馆	1923
	王克仁	《课程编制的原则和方法》	广西教育厅编译处	1928
	朱智贤	《小学课程研究》	商务印书馆	1931
课程史研究	徐雉	《中国学校课程沿革史》	上海太平洋书店	1929
	盛朗西	《小学课程沿革》	中华书局	1934
	陈侠	《近代中国小学课程演变史》	商务印书馆	1944
教材研究	吴研因、吴增芥	《小学教材研究》	商务印书馆	1933
	俞子夷	《新小学教材研究》	上海儿童书局	1935
	吴宗旺	《小学教材研究》	上海开明书店	1934

在译著类中，庞希尔的《设计组织小学课程论》分18章，论述了设计组织课程的原理，讲述了各学科课程组织的原则、效用、内容、顺序等，在理论分析的同时辅以结合具体内容的各种设计举例，是一本理论与设计实践相结合的著作，对于在我国传播课程理论和指导我国的课程实践具有重要作用。博比特是美国最早出版专著研究和论述课程问题的课程学者，其在1918年出版的《课程》一书标志着课程成为一个独立研究领域，此书在1928年被译成中文出版。该书首先分析课程的目的与手段，其次从职业的效率之训练、公民教育、身体的效率之训练、工余消遣之教育、社交教育等五个方面对课程的内容结构进行了分析论述。1924年，博比特在长期课程开发实践的基础上

进行深入的理论研究，出版了《怎样编制课程》，围绕课程的编制问题进行了详细的分析论述，形成了比较系统的课程编制模式，奠定了后来科学化课程开发理论的基础。本书把教育思潮、教学法原则、学科心理等应用于课程编制。首先分析课程目标的内涵、来源及确定方法，其次从普通教育、社会研究、自然科学、现代语等方面论述了实现课程目标所需要的活动、经验和机会等内容的选择和设计步骤。以上三本著作比较集中地反映了当时外国课程研究的主要成果，在被翻译为中文前就对我国当时一批留洋学者产生了重要影响，而中译本的发行进一步推动了中国课程研究的普及和深化。

　　课程理论研究类著作，主要探讨课程的内涵、本质、功能和课程编制的基本原理方法。程湘帆的《小学课程概论》首先简要论述了课程的意义、课程与科目和儿童的关系、课程编制的方法，其次用较大篇幅分析了公民生活、职业生活、健康生活、休闲生活和语言生活等领域教育的意义、宗旨与目标以及达成目标的策略进程等内容，就小学各科目的时间安排也进行了论述。这是我国近代可查资料中最早论述课程问题的综合性著作。王克仁的《课程编制的原则和方法》主要讲述了课程问题的重要性、课程应适应普通生活和特殊生活、编制课程的步骤等方面的内容。朱智贤的《小学课程研究》作为师范学校教材，详细论述了课程的概念（包括课程的意义、起源、发展、变迁、性质和功用等方面）、课程的原理（包括课程与人生、教育、社会、儿童、心理、学制等的关系）、课程的编制（包括课程编制的趋势、主要的技术、具体步骤等方面）等内容，是我国系统研究课程问题的重要著作。熊子容的《课程编制原理》从课程之功用、现代课程之领域（卫生教育、公民教育、职业教育、休闲教育）、现代课程编制和各级学校课程编制四个方面进行论述。这几本课程论著作，在侧重点上虽然有所不同，但在论述同一个主题时，不同著作之间在内容上具有很大的一致性，而且主要观点基本与博比特的《课程》和《课程编制》中论述的观点相同。这在一定程度上说明，当时我国的课程理论创新性不足，尚处于介绍和推广外国理论的层次。

　　课程史类著作主要以小学为主，从纵向上分析近代学校课程的不同科目如何起源，以及科目名称、目的、学时、教学材料、教学方法等的变更经历，并就不同科目沿革中存在的问题及改进的办法进行了论述。徐雉的《中国学校课程沿革史》从我国古代有学校开始分学校时期、选举时期、科举时期、新旧教育过渡时期和新教育时期五个阶段分述不同时期我国课程实践的具体情况,是唯一系统梳理我国四千多年来课程变迁的专门著作。盛朗西的《小学课程沿革》主要分析从 1902 年到 1932 年三十年间中国小学课程的沿革情况。该书在详细记录 30 年小学科目变迁的基础上,还就每一科目的名称、教学目标、教学时间、教学材料、教学方法等的变化进行了具体介绍,并在每一科目的介绍后面附有自己的分析和思考。陈侠的《近代中国小学课程演变史》从草创时期、因袭时期、改进时期、革新时期四个阶段分析了从 1902 年到 1941 年我国小学课程在不同时期的教育宗旨与目标、课程的特色以及实施的成效等问题。可以说,盛朗西的《小学课程沿革》和陈侠的《近代中国小学课程演变史》一个横向分阶段、一个纵向分学科,分别对当时小学课程的变革历程进行了详尽的介绍和分析,是研究这一时期小学教育和课程与教学问题的重要文献。

教材研究类著作在当时的课程论著作中所占数量较多,主要围绕小学各科教材的教学目标、教材范围的选择和组织、教学方法与原则、考查和教具设备等方面展开具体详尽的论述,对指导教师的教学实践具有重要意义。把教材研究的著作视为课程论著作,一方面是因为教材本就是最典型的课程物化形式;另一方面是因为这些著作中有一部分同时论述了课程的内涵及课程编制的方法原则等内容,如吴研因、吴增芥编著的《小学教材研究》就把绪论(讲述课程是什么、课程的由来)、课程编制的方法和原则分别作为两章的内容进行论述,另外一些虽然没有直接提及课程,但关于教材的范围与来源、教材选择排列的原则、教材内容组织的原则方法等都进行了详细论述,而这些内容,无不是今日课程所含之意。除了以上内容外,书中一般同时分析具体的教学方法、教学原则、教学用具和设备以及成绩考查的方法等,论述详尽,具有很强的实践指导价值。

根据以上具体分析,民国时期我国课程论教材建设具有以下两方面特点:

第一,学习西方反哺中国,西方理论与中国实践紧密结合。纵观这一时期课程论教材发展的路径，首先起步于对西方，尤其是美国课程理论的学习和引介。当时的课程论教材编著者，大都具有一次甚至多次的留洋学习或者考察的经历，如程湘帆在纽约哥伦比亚大学师范学院学习，熊子容曾在美国西雅图华盛顿大学教育学院求学，俞子夷先后赴日本东京高师附小和美国纽约哥伦比亚师范学院参观考察，朱智贤赴日留学，考取东京帝国大学文学部大学院教育学系研究员，廖世承在美国布朗大学求学等。这些留洋求学或考察的经历，使他们接触了当时最先进的课程理论，也了解了这些理论指导下的课程实践。这些思想认识，在他们回国后影响着中国课程领域的发展。首先是中国课程政策法规的制定，如1921年11月的《学校系统改革令》（《壬戌学制》），1923年颁布的《新学制课程标准纲要》等，都具有比较明显的美国特点。其次是课程实践的发展，这些留洋学者回国后，大都任各级学校教师或者校长之职，活跃在课程实践一线，把自己的课程主张应用于实践中。如俞子夷考察美国小学的设计教学和随机教学等教法后，在他任南京高等师范学校教授并主持附小工作期间，主持教学实验。但他并不直接照搬美国，而是结合我国实际，在低年级实施"不彻底"的设计教学法：科目的界限被打破，但仍有大纲；在中年级实施"自学辅导色彩的五段法"；在高年级部分学科实施"分团式道尔顿制"。他还专门撰文反对"取貌遗神"地机械照搬外国的实验，并认为移植国外方法可以结合中国实际加以变通，变成"四不像"。最后就是中国课程理论的建设，主要体现为课程论教材的编著。课程论教材受当时师范学校教育教学需求的推动在短期内发展迅速。受编著者教育与实践经历的影响，一方面，这些教材在理论上大量引用和借鉴美国博比特等人的课程理论。比较分析当时主要的课程论教材，但凡涉及课程编制、教材组织等，在内容上具有极大的一致性，基本是对博比特等人的课程编制理论的介绍和转述。另一方面，这些课程论教材中凡涉及我国中小学不同科目的目标确定和教材的选择、组织、排列、应用等内容，又具有比较鲜明的中国教育和文化的特色，内容详尽具体，可操作性强，可以说具有实践指导手册的功能和特点。所以，这一时期的课程论教材，在理论方面具有鲜明的美国特色，同时也体现了比较鲜明的学习西方反哺中国的本土化追求。

第二，课程研究的系统意识突出。主要表现在三个方面：首先，理论与实践的统一。鉴于民国时期课程研究发展的特殊历史背景，当时的课程论教材建设，一方面从理论上受到西方学者主动输出和国内学者积极引入的课程编制与开发理论的影响，另一方面受当时教育实践需求的推动，要满足新学制落实对教师基本课程实践能力的培养要求，所以，当时的课程论教材建设主要是以编制师范学校教科书的形式展开的。这些教科书大都以理论论述为出发点，但最终都落脚于教师如何在实践中开发课程、编制教材、有效教学。如在吴研因、吴增芥编的《小学教材研究》中，先对课程及其编制步骤与原则进行简介，然后概括地分析小学教材的范围、类别、来源以及小学教材选择组织排列和分量支配等问题，并就小学各学科教材的范围、性质价值和选择与排列原则等具体内容一一论述，师范生可以依据这些细致的要求和原则开发和编制小学课程。所以，相比于当今课程论教材或重理论或重实践各有侧重，当时的教材充分体现了理论与实践的统一。其次，教材与教法的统一。当时课程教材研究著作的一大特色是把教材内容的选择组织与其对应的教学过程、方法的论述紧密结合起来。如在俞子夷的《新小学教材和教学法》中，除前两章对教材编制和教学方法进行概括介绍外，后面用了十二章的篇幅就小学每一学科在教学目标、教材的范围、教材的选择、教材的组织、教学过程和教学实例、初步教学法、教学要则、成绩考查和教具与设备等九方面的情况进行细致的分析论述，各方面之间前后照应，目标一致，把特定教材与相应的教法直接结合起来，针对性强，有效避免了今天课程教学研究中内容与过程、目的与手段机械分离的问题。最后，不同侧面的同步发展。任何学科的真正发展都必然是在核心课程带动下的一个学科体系的发展，包括这个学科的基础理论、实践应用和历史沿革。

民国时期的教材建设虽处于刚刚起步阶段，却呈现出全面开花、蓬勃发展的势头。课程基本理论研究、课程沿革史、教材开发与教学实施的相关著作齐头并进、相辅相成，使我国课程与教学论学科在建设之初就展现出立体丰满的形象。

三　课程与教学论教材建设的曲折发展期

课程与教学论学科的发展与教育学科的发展密不可分，教育学科的发展又与社会政治经济制度的变革有着密切的联系。1949年至1978年中国特定的社会政治背景造成了课程与教学论研究的停滞和教材建设的曲折发展。这一时期，课程与教学论领域面临如何正确对待和继承我国相关历史遗产、如何对待西方及苏联的相关理论和方法、如何总结中华人民共和国的教学经验、如何以马克思主义认识论来指导我国课程与教学理论等诸多问题，经历的道路曲折坎坷。该时期可分为以下两个阶段。

1949年至1956年，在中华人民共和国成立初期、社会主义改造和全面学习苏联的社会政治大背景下，我国的整个教育学科领域走上全面改造和照搬苏联的道路，力图运用马克思主义的立场、观点和方法编写教学法方面的教材和讲义，挖掘和整理国内教学实践中的一些资料，并在学科体系方面进行了一些初步的探索，试图确立适合新中国教育需要的教学论学科体系。在"以俄为师""全面学习苏联经验"的社会政治背景下，伴随苏联现代教学理论的引进，我国的教育学科深受苏联教育模式的影响，学习苏联教学论、批判旧的教学思想成为当时教学论发展的主流。与此同时，国内也开始了教学论的探索研究，自编出版了部分教学论教材。此外，在一些《教育学》教材中，也包含相当分量的教学论内容。[1] 在苏联教育学的话语体系下，"课程"一词完全被忽略，与课程相关的内容被"教学计划""教学大纲""教学内容""教科书"等词取代。受此影响，我国在这一时期的学校没有开设课程论课程，也没有新的课程论教材的编写，这一时期出版的教育学和教学论教材中，偶有"课程"一词出现，内涵也被窄化为教学内容的代称。

1956年至1966年，随着中苏关系的恶化，我国的教育学开始抛弃苏联的

---

[1]　焦炜、徐继存：《百年教学论教材发展的回顾与思考》，《课程・教材・教法》2012年第9期。

教育学体系，尝试创建和发展有中国特色的教育学体系。在批判凯洛夫的《教育学》强调基础知识、忽视教育与生产劳动结合、忽视党的领导的基础上，提出教育为无产阶级的政治服务，教育与生产劳动结合，教育要以毛泽东教育思想为唯一指导思想的教育方针。这一时期，尽管排斥苏联的教育学科体系，但是其他国家，甚至包括中华人民共和国成立以前关于课程教材研究的成果并没有重新进入人们的视野。在为数不多的与课程论研究有关的教学论教材中，关于教学内容的选择、组织多被忽略。如郭化若著的《新教育的教学法》，全书包括怎样学怎样教、教育概说、教授法、学习法、炮兵军事教育法、炮兵文化教学原则、工兵教育法等；陈元晖编著的《教学法原理》，阐述了思维活动的规律、认识过程的规律和思维的生理基础、教学过程、教学原则、教学方法和教学组织形式等方面，都缺少对教学重要因素之一的教学内容的论述。这一阶段课程与教学论教材建设的缺失主要有两方面的原因。一是缺少实践需求。从中小学到大学的教育，都强调加强党对教学工作的领导，确保教学的"共产主义方向"，体现在教材方面，就是方针政策等全面渗透，很多教材直接变身为政策汇编或者方针政策诠释学，领袖语录、政策文件摘要占据各科教材的大部分内容，真正的学科知识被零散、随意地安排。对这些教材，人们关注它们的政治方向，却不关心知识的系统性、科学性和教学的有效性等，对学校课程编制的科学研究被忽略和遗忘。在这一背景下，课程论关于学校课程体系的系统性、完整性研究，关于教材编制的科学性、有效性研究等就失去了价值和意义，于是，也就少有人规划学校的课程体系，思考与研究教材的设计、开发、科学编制等问题。由此，这一时期课程与教学论教材建设的缺失也就成为必然结果。二是意识与能力的缺失。这一时期，教育学研究坚持"群众路线"，发动大学本科生参加或者单独编写教材，而对教师编写的大纲和教材横加批判。然而，大部分学生并不具备课程与教学理论的视野和知识基础，只是在苏联遗留的话语体系下直观、感性地拼凑教材。所以，当时虽然批判苏联的教育体系，却并没有采用新的思路超越或替代它的基本学科框架。于是，课程与教学论仍然无法进入当时的教育学科体系，教材建设更无从谈起。

"文化大革命"期间，社会生活的各个领域均遭受到严重破坏，教育领域也被无情地驱赶出教书育人的轨道，完全变为阶级斗争的舞台。这一时期，教学论除了全面否定和随意上纲上线的政治化批判外，几乎没有任何成就和发展；各大学的学生参与教材编写，所编写的教学论教材成为政治口号、领袖语录的汇编。

总体看来，这一时期不仅取消了教学论和课程论学科的建制，甚至在教育学领域中淡化了教学论的研究。人们把主要研究放在教学的技术操作层面，作为教学内容的课程成为行政力量决定的产物，其选择与组织对于教师、学者而言似乎不证自明。所以这一时期，作为事实的"课程"以极其极端甚至荒谬的形象存在着，真正的研究和教材建设却是空缺的。

四 课程与教学论教材建设的重新起步期

"文化大革命"结束后，在拨乱反正的基础上，教育重新回归正统。为了推动我国教育事业的重新兴起和发展，相关的学术研究和教材建设也迅速起步。在这一社会历史洪流中，教学论与课程论再次回到人们视野中，并在实践需求的带动下摸索前行。

（一）教学论教材建设

特别是党的十一届三中全会的召开，结束了"左"倾错误思想，我国逐步实现了从高度集中的计划经济向社会主义市场经济体制的转变，各行各业取得了举世瞩目的建设成就。在改革开放的社会背景下，我国全面引介了苏联、美国及欧洲当代教学理论，如赞科夫的发展教学理论、巴班斯基的最优化教学理论、苏霍姆林斯基的和谐发展教学理论、布鲁纳的结构发现教学理论、布卢姆的目标掌握教学理论、罗杰斯的非指导性教学理论、卢扎诺夫的暗示教学理论、瓦根舍因的范例教学理论等。其范围之广、流派之多、理论之深，前所未有，是20世纪我国引进外国教学理论的又一个高潮。这些理论开阔了教育视野,启发了教学思路,对我国当代教学论的发展和教学改革产生了深远影响,也为中国教学论教材的进一步发展和构建科学化、现代化、中国化的教学论教材新体系打下了坚实的基础①。

经过十多年的积淀和发展,我国教学论获得了长足进步,学科基本架构逐步形成,构建了具有本土特色的现代教学论学科体系。这一体系主要体现在80年代至90年代初陆续出版的一批教学论教材中(见表4-5)。其中,尤以李秉德先生主编的《教学论》(人民教育出版社1991年版)为代表。该书以系统论的观点为指导思想,以"目的论""过程论""原则论""主体论""课程论""方法论""环境论""反馈论"等为主要框架,涵盖了当时国内教学论学科体系的主要内容。

表4-5　　　　　　1991年以前我国出版的教学论著作与教材一览②

编著者	教材名称	出版社	出版时间(年)
车文博	《教学原则概论》	湖北人民出版社	1980
游正伦	《教学论》	教育科学出版社	1981
郑其龙	《论教学规律》	湖南人民出版社	1981
胡克英	《教学论研究》	教育科学出版社	1982
胡克英、吕敬先	《小学教学简论》	湖南教育出版社	1983
刘问岫	《中小学教学原理》	知识出版社	1984
董远骞、张定璋、裴文敏	《教学论》	浙江教育出版社	1984
王策三	《教学论稿》	人民教育出版社	1985
董远骞	《教学原理和方法》	人民教育出版社	1985

---

① 焦炜、徐继存:《百年教学论教材发展的回顾与思考》,《课程·教材·教法》2012年第9期。
② 同上。

续表

编著者	教材名称	出版社	出版时间(年)
吴杰	《教学论:教学理论的历史发展》	吉林教育出版社	1986
关甦霞	《教学论教程》	陕西师范大学出版社	1987
路冠英、韩金生	《教学论》	河北教育出版社	1987
罗明基	《教学论教程》	黑龙江人民出版社	1987
刘克兰	《教学论》	西南师范大学出版社	1988
何志汉	《教学论稿》	西南师范大学出版社	1988
温寒江	《现代教学论引论》	天津教育出版社	1988
北京师范大学教育系编写组	《教学认识论》	北京燕山出版社	1988
瞿葆奎	《教育学文集·教学》	人民教育出版社	1988
王北生	《教学艺术论》	河南大学出版社	1989
万云英	《当代国外教学流派》	湖北教育出版社	1989
唐文中	《教学论》	黑龙江教育出版社	1990
方展画	《罗杰斯"学生为中心"教学理论述评》	教育科学出版社	1990
杨小微	《中小学教学模式》	湖北教育出版社	1990
魏正书	《教学艺术论》	辽宁大学出版社	1991
李秉德	《教学论》	人民教育出版社	1991
吴也显	《教学论新编》	教育科学出版社	1991

（二）课程论教材建设的探索

基于我国教育实践发展的需要，1981 年，戴伯韬在《课程·教材·教法》创刊号上发表《论研究学校课程的重要性》一文，在论述研究学校课程的重要意义的同时，指出课程论是学校教育学中的一门重要分支学科。其后几年内，《课程·教材·教法》发表了一系列关于课程研究的文章，人民教育出版社也出版了一套集中介绍英、美、日、苏等国有关课程研究的理论成果的"课程研究丛书"，其中《课程研究的理论与实践》《课程理论》《学校理科课程论》等为我国课程学者的研究发挥了重要的借鉴和参考作用。同时，课程论学科也在我国师范院校中逐渐兴起。陈侠自 1984 年起先后应邀在河北大学、贵阳师范学院、辽宁师范大学、哈尔滨师范大学、西北师范学院、广西师范大学等院校给学生作课程论的专题讲座。廖哲勋于 1984 年在华中师范学院教育系给研究生及部分四年级本科生用英语作课程论专题讲座，并从这一年起开始给华中师范学院教育系各专业的三年级本科生系统讲授课程论，这是中华人民共和国成立后大学把课程论作为专门学科的开始。同年，山西大学史国雅首次招收课程论专业研究生。廖哲勋于 1988 年成立国内第一个课程研究中心。20 世纪 90 年代初，华东师范大学施良方、西南师范大学刘克兰、湖南师范大学胡淑珍等也先后招收课程论硕士研究生。

高校"课程论"课程的开设进一步带动了课程论教材的研究和建设。这一阶段的前期虽然没有正式的课程论教材问世，但却是课程论教材建设过程中不可缺少的酝酿时期，后期的几部教材都是在这一基础上产生的。陈侠综合中华人民共和国成立前和改革开放后课程研究的成果，写成比较系统的课程论讲座的讲稿，并以此为基础于 1989 年由人民教育出版社正式出版，书名《课程论》。同年，华东师范大学钟启泉在其多年出国进修、研究的基础上，写成了内容全面、视野开阔的《现代课程论》一书，由上海教育出版社出版。廖哲勋则根据其多次出国留学、考察所掌握的课程成果和文献选编成教学参考资料供学生学习使用，其后又不断把课程理论用于实践，在湖北武汉、潜江、荆州等地进行了多年的课程实验，并把研究成果系统梳理，形成专门的

《课程学》著作，于 1991 年由华中师范大学出版社出版。

　　这一时期课程论教材虽然在数量上不多，但每一本教材都具有典型性和特色性。以上三本著作是我国改革开放后出版较早的课程论著作，作者深厚的课程专业素养和严谨的治学精神在这些教材中得到充分体现。作者不同的写作背景和个人经历也赋予了这三本著作不同的特色。陈侠一生担任小学教师、师范学校教师、小学校长和教育杂志编辑等工作，对我国的教育和课程研究状况有非常深入的了解和体会。他所著的《课程论》一方面从历史的角度考察了课程演变的基本历程和特点，另一方面结合我国的实际，对我国几十年的课程编订工作作了总结。本书比较全面地反映了我国当时关于课程论研究的重要成果，同时又融入了作者多年来对课程的思考和认识。钟启泉多年在日本进修和研究，多次出访西方发达国家、主持多项国际性合作研究课题和国际会议，他所著的《现代课程论》侧重对国外课程研究成果和课程实践经验的全面介绍，对于拓展我国课程研究的视野具有重要作用。廖哲勋在 20 世纪 80 年代先后几次在英美等国家学习和考察，对国外一些代表性理论有深入研究。同时他在湖北等地就我国中小学的课程设计和实施进行了广泛的调查研究，熟悉我国课程实践的基本情况。他所著的《课程学》针对我国中小学课程建设的实际问题，借鉴外国先进的课程经验，初步创建了比较系统的课程理论体系。从以上三本课程论教材产生的历程和教材本身的特点来看，作者对教材的编著都是经过了长期的研究与思考，从教材体系的篇章结构安排到具体内容的选择与表述，都是深思熟虑的结果。这三本著作在内容上各有侧重，在风格上各有特色，可以互相补充，相得益彰，成为当时课程论学科的代表性教材。直到今天，也仍然是课程论学科的重要教学用书和学生学习的参考资料。

五　课程与教学论教材建设的多元发展期

　　经过改革开放十余年的建设和发展，我国的教育事业重新走上正轨，并呈现出蓬勃发展的势头。同时，开放的社会制度和环境，大大促进了国内课程与教学论学者与国外交流的范围和深度，国外课程与教学理论研究成果和实践经验被源源不断地引介进来，并作为新的理论观点和研究视角对我国的传统课程与教学观念带来了冲击，进而推动我国进行持续的课程与教学改革研究和实践，作为教育核心的课程与教学越来越受到人们的重视。与此同时，高校中的课程与教学论学科建设也得到迅速发展，一支课程与教学论研究的专业队伍迅速形成。在几方面有利条件的共同作用下，课程与教学论教材建设在这一阶段获得了长足的发展，取得了丰富的成果。尤其是课程论教材的建设取得了显著的进步。

这一时期出版的课程论著作超过百余部。这些著作关注的主题从课程概论、不同课程类型，到课程系统的不同领域或侧面、课程改革等，呈现出多样化的特点。其中具有课程概论性质、体系比较鲜明、在学校课程论教学中应用较广且影响较大的著作主要有以下 11 部（见表 4-6）：

表 4-6　　　　　　　1992 年之后我国大陆出版的课程论教材

编著者	教材名称	出版社	出版时间(年)
靳玉乐	《现代课程论》	西南师范大学出版社	1995
施良方	《课程理论：课程基础、原理与问题》	教育科学出版社	1996
丛立新	《课程论问题》	教育科学出版社	2000
廖哲勋、田慧生	《课程新论》	教育科学出版社	2003
吕达	《课程概论》	人民教育出版社	2004
赵卿敏	《课程论基础》	华中科技大学出版社	2004
李定仁、徐继存	《课程论研究二十年》	人民教育出版社	2005
丁念金	《课程论》	福建教育出版社	2007
钟启泉	《课程论》	教育科学出版社	2007
林德全、徐秀华	《课程概论》	河南大学出版社	2009
杨明全	《课程概论》	北京师范大学出版社	2010

通过对课程论教材的分析研究，可以解释课程论学科现有的基本特点、存在的问题，并预测未来发展的方向。① 以上课程论教材一方面反映了新时期课程研究的重要成就，另一方面也体现出课程论教材建设方面依然存在的问题和不足。综合分析这些教材，它们具有如下特点。

首先，课程论教材的整体内容越来越丰富。可以说，我国课程领域的研究呈现出百花齐放、百家争鸣的局面，不同经历和学术背景与立场的研究者从不同的角度、不同的层次分别展开对课程的研究。在这些研究中，有些是自辟小径、潜心经营，也有些是大刀阔斧、激烈争锋。与人无争的潜心研究自然会为我国课程研究的大厦添砖加瓦，大刀阔斧的研究在当下也不会出现库恩所说的科学的革命或范式的更替，因为这些研究还没有强大到足以让所有研究者折服与跟随，它们只是提供了一个在现有框架内的新的研究视角和部分成果，或者说是为课程研究大厦又筑成一间新房。派纳曾说的从"课程开发"向"课程理解"范式转变的课程研究在我国远没有实现。所以，我国当前研究一直处于成果不断累积的过程中，这一点在上述课程论教材内容中得到明显的体现。随着出版年代的后移，课程论教材的内容呈现出越来越全面、丰富的趋势。这主要表现在两个方面：一是新的研究内容的增加，如关于课程本质、课程基础、课程编制、课程类型、课程实施、课程评价等是较早的课程论教材中主要探讨的内容，近来的新教材在此基础上又增加了诸如课程历史、课程管理、课程效能、课程改革等内容的研究。② 二是原有内容的细化与充实。如课程论基础的内容，从最初的一章到一编，扩展到专门的一本书③；课程历史从早期的几句话带过，到现在的专章研究等④。随着课程研究的进一步发展，课程论教材所包含的内容会进一步充实和丰富。直到有一些内容如课程历史、课程管理、课程论基础、课程论流派等形成相对稳定和完善的体系并从课程论教材中分离出去，成为课程学科群里面的专门学科，

---

① 孙宽宁：《从课程论教材反思我国的课程研究》，《课程·教材·教法》2007年第7期。
② 林德全、徐秀华：《课程概论》，河南大学出版社2009年版。
③ 赵卿敏：《课程论基础》，华中科技大学出版社2004年版。
④ 杨明全主编：《课程概论》，北京师范大学出版社2010年版。

课程论教材才会形成一个相对固定的内容结构，并在研究领域中达成共识，形成一种范式。

其次，课程论教材尚未形成一致的结构框架和话语体系。虽然现有教材在内容方面可以找出很多共性部分，但具体分析不难发现，不同的教材在组织结构和专业话语体系方面还存在较大的差异。第一是基本结构框架不同。比如施良方的《课程理论：课程基础、原理与问题》把全书分为课程的基础、课程编制的原理、课程探究的形式、课程理论与研究四编，廖哲勋和田慧生的《课程新论》把全书分为课程的基础、课程的构成、课程系统的运行三编，丁念金的《课程论》则把全书内容分为课程实体、课程运作、课程研究三篇，然后再分章节论述内容，其他的教材则直接按章节组织内容，这些教材中篇章结构的划分很难找出一个共性的逻辑思路。第二是不同教材中同一章节标题下的具体内容有较大差异。如关于课程目标，在施良方的《课程理论：课程基础、原理与问题》一书中，用一章四节的内容分别论述了课程目标的三种取向，课程目标与教育目的、培养目标、教学目标的关系，课程目标的依据和确定课程目标的模式等内容，在杨明全的《课程概论》中则是用一节的内容分别阐述了课程目标的内涵、课程目标的分类和设置课程目标的基本原则。第三是对一些基本概念和术语的内容与关系的把握不够统一。在不同教材中，对同一概念内容的处理各不相同，如作为课程研究核心内容之一的课程设计，在廖哲勋和田慧生的《课程新论》中被放在"课程的构成"部分，在丁念金的《课程论》中被放置在"课程运作"部分，而施良方的《课程理论：课程基础、原理与问题》，却把它化整为零地穿插进绪论、课程编制的原理和课程探究的形式等几个部分之中，丛立新的《课程论问题》在章节目录上同样没有体现这一内容。另外一些概念，诸如课程编制、课程设计、课程开发、课程发展等存在着交叉混用的情况。以上几个特点说明，当前我国的课程论教材虽然在内容上越来越丰富和全面，数量上也迅速增加，但还没有真正形成大家所公认的相对稳定一致的结构框架和话语体系，现有的课程论教材还不够成熟。

最后，现有课程论教材的理论性特点突出。纵观这一阶段的课程论教材，虽然在具体体例上各不相同，但内容方面的一个共有特点是理论性强，注重概括化理论的介绍和对理论观点的抽象分析论述，与课程实践的联系少，缺少实践案例介绍和分析。这一现象的存在和课程论教材编著者的学术背景有着很大的关系。课程论在我国兴起时间不长，专业研究人员大都集中在高校或者科研单位，而我国的课程论教材主要由他们编著。他们对课程理论有比较深入的研究，却相对缺少课程实践经验，尤其是基础教育课程实践的经验和体会。由此，他们编著的教材往往侧重理论论述，缺少与实践的联系和有针对性的实践内容分析。这种理论性强的教材，具有较高的学术研究价值，却与既没有必备理论基础也同样缺乏实践经验的学生实际不符，并不利于学生的理解和掌握，更难以真正培养学生的课程实践能力。杨明全出版的《课程概论》（2010）在加强与实践的联系方面做出了一些尝试，在"拓展阅读""思考与探究"等辅助学习部分提供了一些与我国课程改革实践有关的政策文件、案例、现象等内容，在理论论述中也有些与实践和案例直接联系的部分，但所占比例都较小。

新世纪以来，随着课程与教学论学科的整合发展，教材建设也进入鼎盛期。国内出版了数百部以"课程与教学论"命名的教材，对满足和适应当前高师院校教师教育改革发挥了重要作用。当然，目前很多高校自行编著的课程与教学论教材在内容上趋同现象比较严重，结构和编写体例上缺乏新意，特色不鲜明，尤其是体系化、层级化的教材比较缺乏。因此，深化对课程与教学论教材的理论研究，编制高质量的体系化、层级化的教材就显得尤为必要。

六　课程与教学论教材建设的未来思考

我国课程与教学论教材建设经过 100 多年的曲折历程，已取得显著成就。在这一发展历程中，我们深刻领会到国家的教育方针政策和课程与教学实践需求对教材建设的影响，体会到国外先进的课程与教学理论及实践经验对我国教材建设的促进作用,感受到教材编著者认真严谨的治学精神,意识到教材建设中依然存在的诸如作者队伍构成单一、教材使用效果有待改进等问题。要加快我国课程与教学论教材建设的步伐,需要进一步加强以下方面的工作。

(一) 强化教材建设的本土实践意识

从课程与教学论教材建设的发展历程可以看出,实践需求始终是其发展的动力源泉和价值所在。虽然,课程与教学论教材直接面对的是学生,但教材编写者必须关心实践,否则教材中抽象的理论就成为缺少生命力的躯壳,对外不能培养实践所需的有用之才,对内也难以建立科学系统的学科体系。如前所述,我国当前的课程与教学论教材尚未形成明确一致的结构框架和内容体系,对一些研究主题、核心概念等的使用存在诸如内容交叉、界定不清,同一概念指代不同或者不同概念表达同一含义的混乱情况,也存在一些观点之间的相左或冲突矛盾的情况。这些问题的出现,一方面是由于不同编著者之间价值信念和学术观点确实存在差异,另一方面是因为广泛学习和引进国外研究成果。我们对国外课程与教学研究成果的引介,具有明显的个人化倾向,不同研究者根据自己的兴趣、需要和便利条件等从不同的国家与地区选取内容,这些内容因为来自不同的社会背景和话语体系,难以在我国特有的本土文化环境中自然形成有机整体。对于教材中概念、观点、体系的混乱,很难依靠每一个研究者的自我反思和主动求同来实现。在这种情况下,"对实践问题的解决能力就成为判断一种观点和主张是否更有价值的重要标准"[1]。从客观的实体存在和需要出发建构基本结构和体系是教材建设的有效策略,也是我国本土化课程与教学论教材形成的必然途径。而且,这种基于本土实践的教材,能够让学生把抽象理论与实践中的特定情境、做法、效果,以及具体的人的感受联系起来,从而在学习中可以调动更多的意识情感,使学习成为心灵交流沟通的活动。当学生走出校门,走入我国的课程与教学实践工作中,就不会有手足无措的陌生,而是熟悉亲切的回家。

---

[1] 孙宽宁:《从课程论教材反思我国的课程研究》,《课程·教材·教法》2007年第7期。

（二）优化教材编著者队伍的组成结构

民国时期，我国教材编著者的身份具有多重性和综合性的特点，多数编著者既做过中小学教员甚至校长，也有在高等院校教学或从事理论研究以及出国留学或考察的经历。这种综合多样的经验与体会使他们在编著教材时能够较好地做到理论与实践兼顾，既能对当时先进的课程与教学理论进行介绍分析，也能对具体的中小学课程与教学实践问题进行探究。近年来课程与教学论教材编著队伍与民国时期相比发生了很大变化。首先，编著者的年龄有年轻化的趋势，他们的工作经历比较单一，大多一直在高等院校从事教学与科研工作，同中小学的课程与教学实践缺少联系，即使偶尔到中小学考察，也难以做到全面和深入。其次，随着我国课程与教学改革的深入，三级课程管理体制的实施，以及中小学教材编写、审定、出版、选用各环节的分离，相关课程审定制度不断完善的同时，也不可避免地造成了科层化管理的弊端，这也在一定程度上阻隔了教材编著者理论与实践研究的结合之路。在这种情况下，要改变课程与教学论教材理论化倾向严重的问题，除了提高现有编著者的实践意识之外，更应该进一步扩大编著者队伍，促进人员构成的多样化，尤其是吸纳一线实践工作人员参与，与理论工作者共同编写教材。我国的基础教育课程改革，培育了一批具有较高课程与教学实践素养的中小学一线教师和校长，把他们纳入教材编著队伍，使之与高校理论研究者充分交流沟通，能够有效实现教材建设中理论与实践的有机结合，从而提高教材的实际效用。

（三）鼓励以著代编，深化教材的个性化研究

一般而言，一门学科的教材应体现这门学科比较成熟的理论体系和知识结构，其内容反映的是该学科研究已经形成的基本范式。按照这样的思路，成熟的教材可能在结构体系和具体的知识内容方面并不会很有特色或个性，而是更追求内容在本学科领域的共识。就如库恩所说，教材的编著者会发现，"写书不但不能提高他的专业声望，反而会受到损害"[①]。然而，

---

① ［美］托马斯·库恩：《科学革命的结构》，金吾伦、胡新和译，北京大学出版社2003年版，第19页。

我国当前的情况是，每一本出版的课程与教学论教材都有它或多或少的独特性，与其他同类教材相比具有不可替代的优点。一些比较成熟或大家公认的理论如课程设计的基本模式、课程组织的基本原则、课程实施的基本取向等是每部教材共有的内容，但又都有一些其他教材所没有涉及和论述的主题与内容。我国的课程与教学论教材还没有统一的结构框架和知识体系。库恩说，"在各门科学发展的早期阶段，即前范式阶段，这样的书才一般地保持着与专业成就同样的关系"①。我国目前的课程与教学论研究，不论是学者还是学生，仍然在很大程度上通过教材了解相关研究的专业成就和发展，这充分说明我国的课程与教学论研究还处于前范式阶段。当前的课程与教学论教材建设还处于知识累积和观点碰撞的阶段，过早地强调统一和共识，追求共有内容的重复组合，会压抑研究创新，影响教材内容的丰富和完善。所以，当前课程与教学论教材的建设，应延续前面突出个性和差异的特点，积极鼓励以著代编，深化教材的个性化研究，继续为教材建设积累知识、观点和思路。

（四）转变教材使用的传统观念

优质的课程与教学论教材有助于学生的学习，也有助于课程与教学研究队伍的壮大和提升；雄厚的研究队伍，又会进一步促进教材的建设和发展，这是一个循环的系统。应转变传统的教材唯一化和权威化的使用观念，从而使课程与教学论教材建设形成一个良性的循环系统。首先，在教学实践中不给学生指定唯一教材，而是同时给学生列出多本阅读参考书目。因为当前的教材在结构和内容上各不相同，很难说哪一本是最好的，如果为学生指定唯一教材，容易让学生产生盲信和依赖，而忽略或无视其他教材的优点，从而影响学生对本学科发展的全面了解和把握。其次，要积极教育和引导师生树立新的教材观。在我国的教育实践中，受传统的对教育控制功能的重视和教育制度化发展的影响，教材逐渐成为教师和学生必须遵守的"规范"和服从

---

① ［美］托马斯·库恩：《科学革命的结构》，金吾伦、胡新和译，北京大学出版社2003年版，第19页。

的"权威",教材被视为唯一的教学资源,奉为"圣经"。这一教材观"容易导致学生对教材乃至所有书本的盲目崇拜,扼杀其自主精神和创新能力,它限制了教师的创造性及其教学的个性化,使教师无法在教学中找到其生命的价值和职业的乐趣"[①]。这种教材观无疑会对课程与教学论教材的进一步发展带来阻碍。要改变这种状况,需要树立新的"材料式"教材观,即把教材作为"教学使用的材料,是引起某种关系理解、智慧活动的辅助性材料"[②]。材料式教材观有助于培养教师和学生的主体性与批判精神,使他们一方面从现有教材中汲取有益的知识和思想,一方面又不断以批判的眼光去发现教材的不足,思考其完善之路。

---

① 郭晓明:《从"圣经"到"材料"——论教师教材观的转变》,《高等师范教育研究》2001年第6期。

② 杨启亮:《教材的功能:一种超越知识观的解释》,《课程·教材·教法》2002年第12期。

第五章　课程与教学论专业研究生的培养

1949年中华人民共和国成立前,我国研究生教育就获得了一定发展,当时已有少数高校招收过一些研究生。从1935年到1949年,我国有200多名研究生被授予硕士学位。[①] 中华人民共和国成立后,研究生教育在调整中有了较大发展,从1950年到1965年共招收研究生2.3万人。[②] "文化大革命"爆发后,研究生教育中断了长达12年之久。改革开放后,我国研究生教育体制重新恢复,课程与教学论专业研究生招生规模也不断扩大;特别是近20年来,高等教育超常规发展,招生人数成倍增长。

一　研究生培养的起步

1977年10月,国务院批准教育部《关于高等学校招收研究生的意见》,提出高等院校要招收研究生。11月,中国科学院与教育部联合发布了《关于一九七七年招收研究生具体办法的通知》,制定了研究生招生和教育的一些具体措施。1978年1月,教育部和中国科学院决定将1977年和1978年招收研

---

① 当时培养的教学法领域的研究生如李秉德(1937)、陈侠(1948)等。
② 中华人民共和国成立后培养的教学法方面的研究生有王策三(1953)、胡克英(1953)、徐勋(1955)等。

究生的工作合并进行，当年全国报考研究生的人数达6.3万人，经过考试录取1万人。其中，北京师范大学、华东师范大学、华中师范大学等全国重点高师院校和一些地方高师院校（如曲阜师范学院）率先在全国招收第一批教育学专业研究生。①

  1981年3月，教育部召开了学位委员会，恢复研究生学位制度。7月，国务院学位委员会学科评议组召开第一次会议，评审我国首批博士和硕士学位授予单位。西北师范学院批准开设教学论专业博士点，西南师范大学、华东师范大学、北京师范大学批准设立教学论专业硕士点。李秉德被批准为教学论专业博士生导师，王策三、瞿葆奎等人遴选为教学论专业硕士生导师。值得一提的是，当年国务院学位委员会发布了首批博士生指导教师名单，共计1196人。他们是自19世纪末西方教育制度引进中国以来中国大陆的第一批博士生导师。首批博士生导师的遴选程序极其严格，一定程度上代表了"文化大革命"之后中国学术界的最高水准。其中，全国高校教育学和心理学第一批博士生导师只有8人（见表5-1）。1983年12月，国务院学位委员会第五次会议在北京举行，通过了经学科评议组第二次会议审核的第二批博士和硕士授予单位及学科、专业名单。杭州大学的董远骞、张定璋、裴文敏，华中师范大学的王道俊、旷习模、郭文安，东北师范大学的吴杰、富维岳，华南师范大学的邹有华，哈尔滨师范大学的唐文中等人开始招收教学论专业研究生。1985年后，辽宁师范大学、湖南师范大学、南京师范大学、天津师范大学等四所高校又获批教学论专业硕士点，罗明基、胡淑珍、鲁洁、吴也显、田本娜等人也开始招收教学论研究生。这一时期，山东师范大学、山西大学、河南大学、广西师范大学、曲阜师范大学、沈阳师范大学、福建师范大学等高校虽然没有独立的教学论专业硕士点，但鲍兆宁、史国雅、王汉澜、赵天岗、黄明皖、陈信泰、刘云翔、李放、李明德、黄经间等人也在教育基本理论专业开始招收研究生，他们培养了我国较早一批教学论方向研究生。

---

① 当年北京师范大学教育系招收的有林崇德、俞启定、孟宪起等，华东师范大学与山东师范大学联合招收的有陆有铨，华中师范大学招收的有罗亦超、李国庆，曲阜师范学院招收的有杨启亮等人。

表5-1 国务院学位办批准的全国首批教育学和心理学博士生导师简况

所在单位	姓名	专业领域
西北师范学院	李秉德	教学论
北京师范大学	王焕勋	教育基本理论
	毛礼锐、陈景磐	中国教育史
	朱智贤	发展心理学
华东师范大学	刘佛年	教育基本理论
	左任侠	发展心理学
中科院心理研究所	潘菽	心理学

改革开放后，教学论学科的恢复和学位点的创建主要依赖20世纪30年代以前出生的老一辈学者。由于坚持严格的遴选标准，国务院学位办批准的教学论专业研究生导师数量非常少，后来才逐渐增多。由于导师人数少，研究生招生数量非常有限，平均每位每年招收1—2位硕士生，有些导师甚至坚持隔年招生或毕业一届再招生。因此，这一阶段所培养的教学论专业研究生数量一直没有大的增长。从全国范围来看，1981—1996年间，每年毕业的教学论专业硕士不超过50人，累计培养教学论硕士350余人、博士（含教育学原理专业下教学论方向）20余人。由于招生指标极为有限，很多导师在选材标准上较为严格，"宁缺毋滥"。据西南师范大学第一个教学论专业硕士、现为四川师范大学教授的吴定初回忆，"1982年春天，张敷荣先生为了慎选弟子，专门找教育系几位老师了解学生的专业志趣和学习情况，又亲自调看各科试卷。他仍然不放心，还专门把弟子叫到家中，拿出英文原著，让学生翻译成汉语，考核英语水平"[①]。如此严格慎选弟子在当时的研究生招生过程中

---

① 靳玉乐、李森主编：《学术与人生——张敷荣教育学术思想研究》，西南师范大学出版社2004年版，第274页。

比较普遍。正是由于坚持严格的招生和录取标准,这一阶段招收的研究生大多具有较高的素质和学术兴趣,具有较好的培养潜质。在老一辈学者的精心培养下,这时期培养的研究生总体质量非常高,他们后来大多成为我国各高校课程与教学论学科发展的中流砥柱。

表 5-2　　1988—1997 年国内高校培养的课程论与教学论方向博士一览

	毕业年份									
	1988	1989	1990	1991	1992	1993	1994	1995	1996	1997
西南师范大学	张武升		陆志远		靳玉乐			李 臣		李 森 刘义兵
西北师范大学		杨爱程		郭 戈	田慧生	黎加厚	刘要悟 王嘉毅	曾天山 巴登尼玛	徐继存	李瑾瑜 张维忠
华东师范大学				高 文	孙绍荣	顾泠沅	崔允漷	马庆发	徐玉珍	何文胜
北京师范大学	吕 达					刘会增	丛立新	王本陆 施仲谋	吴国珍	张 熙
东北师范大学						袁桂林	黄甫全		熊 梅	陈旭远
南京师范大学					谭顶良		吴永军			

在课程与教学论专业研究生培养的起步阶段,这些老一代导师淡泊名利,专心研究,治学严谨,诲人不倦,注重优化培养方式,提高研究生质量,对学生的业务水平、学术态度、思想品德、为人处世等均严格要求。

(一) 做人与为学并重,强调学问与修身的统一

张敷荣在研究生培养过程中曾提出了做学问和做人的两个"三求"。做学问的"三求"是"求实、求是、求效"。求实即做学问要从实际出发,扎扎实实,有客观的治学态度和标准;求是即客观观察和探索事物,要善于抓住本质、发现规律;求效即理论联系实际,讲求实效,有理论价值和实践价值。做人的"三求"是"求正、求严、求信"。求正即为人处事要正直耿介,不

为歧途所迷,不为邪欲所惑,走出一条正确的人生道路;求严即严于律己,宽以待人;求信即言行一致。言必信,行必果。这两个"三求"体现了教学与育人的核心内容。① 在研究生指导上,李秉德也坚持求实的原则,在爱护学生的基础上实现做人与做学问的统一,"带研究生,任务就是教书育人,也就是教导自己的研究生怎样做人与治学。自己做与要别人做,精神上也是一致的,仍离不开'老实'两字。既然是要指导别人,那就有个与别人打交道的问题,就有个正确处理好师生关系的问题,而且要在处理好师生关系的基础上去积极引导他们走上正确的做人为学的道路……要爱护学生,关心他们的成长,关心他们的疾苦,维护他们的利益,尽力帮助他们。当然爱心绝不是意味着放任自流。恰恰相反,必须在为人治学两方面对他们提出严格要求。就为人来说,重要的不在于言教而在于身教。在治学方面,发现他们有不务实的时候,就及时提醒他们,并耐心地讲出道理,发现他们有错误观点的时候,更要严正指出,使其信服"。② 瞿葆奎也多次提出要正确处理"为人"与"为学"的关系,强调"做人第一,做学问第二","在学问与人品之间,我们是把人品放在第一位的,没有良好的人品做保证,学问也就失去了依托和方向"③。"堂堂正正做人,踏踏实实为学。"这两个方面是相得益彰的,只有"堂堂正正做人"的人,才能在学问探索的征程上"认认真真""踏踏实实"。的确,"为人"是培养的根本,人品支配着一个人方方面面的行为。"人品"不是遥远的、虚饰的,而是真真切切体现在人的行为中的,体现在做学问的过程中。可以说,老一代导师在行动上自我践行,将严谨的治学态度与严格的学术训练统一起来,努力提高研究生的为人修养,值得后辈研究生导师学习和借鉴。

(二)加强研究生联合培养,注重外出访学

老一辈学者非常重视与国内外高校联合培养研究生。在顾明远、李秉德、

---

① 靳玉乐、李森主编:《学术与人生——张敷荣教育学术思想研究》,西南大学出版社2004年版,第158页。
② 李秉德:《李秉德文集》,教育科学出版社2005年版,第498—499页。
③ 郑金洲主编:《教育学:研究与记念——瞿葆奎先生诞辰九十周年记念文集》,福建教育出版社2013年版,第375页。

张敷荣等人的联系和推动下，北京师范大学、华东师范大学、东北师范大学、西南师范大学、南京师范大学和西北师范大学等国内六所师范大学与加拿大多伦多大学安大略教育学院建立合作关系。在得到加拿大国际发展署经费资助的情况下，双方共同开展博士生的联合培养，支持国内青年学者到海外访学。当时受益于该项目，参与中加博士生联合培养的包括西北师范大学王嘉毅、田慧生、南京师范大学教育科学学院的谭顶良、东北师范大学袁桂林、西南师范大学刘义兵、华东师范大学崔允漷和陕西师范大学王勇慧等。同时借助于该项目得以出国访学的年轻学者还有华东师范大学幼儿与特殊教育学院首任院长方俊明、原特殊教育学院院长施良方、原教育科学学院院长丁钢、南京师范大学原副校长吴康宁、西北师范大学原副校长万明钢、华南师范大学教授强海燕等。①

此外，为了开阔学生视野，老一辈导师也特别重视跨学校的合作与交流。他们鼓励研究生"走出去"，到外校访学（游学），向知名教育学者"登门问学"。当时，跨校访学是研究生培养中的一个重要环节。据1990年硕士毕业、现为北京师范大学教授的郭华回忆，1989年10月中旬她与两位同学从大连来到北京，遵照导师罗明基的嘱咐，专门拜访黄济先生和王策三先生，两位教授亲切地接见了他们，耐心地与他们交流，让他们感受到学术大家的风范，获得了书本上不能学到的知识。曲阜师范学院陈信泰于1979年开始招收和培养研究生时也特别重视这一点。陈信泰带领研究生"周游列国"，或参加学术会议，或访问学界名流——这成为当时中国教育学界的一道独特风景。1995年31岁时就破格晋升为教授、后担任天津市和平区副区长的庞学光深有感触地说："陈先生'请进来，走出去'的办法，真的很厉害。我们从中不仅领略了名家风采，开阔了学术视野，也增强了学术的自信和勇气。"②

---

① 许美德（Ruth Hayhoe）：《来自远方的敬意：写在顾明远教授八十华诞之际》，《比较教育研究》2008年第9期。
② 于述胜、王俊明：《真真实干的教育学家——陈信泰教授访问记》，南华别业的博客。

（三）注重课堂讨论，开展读书交流

研究生招生数量比较少，培养方式也就相对比较灵活，针对性比较强，有利于因材施教和个别指导。当时研究生教学通常采用小班授课，教学方式注重课堂讨论。西北师大教学论专业就曾将课堂讨论有效地运用于研究生培养中。"通常每周安排一位教师、研究生或请外地来兰州的专家做一个专题报告，然后在班上展开讨论。后来又把研究生做论文之前的开题报告和论文完成之后的试行答辩也纳入到课堂讨论之内，使得这种讨论的内容更丰富、更规范，也更贴近于他们的学习。"[①] 事实证明，研究生对参加讨论很感兴趣，每次讨论气氛都很热烈，这扩大了他们的视野，启发他们从多角度思考问题，也锻炼了他们的语言表达能力。1987 年西南师范大学硕士毕业、现为首都师范大学教授的石鸥回忆："当时的教学基本上以我们研究生发表读书看法为主，教授只做点评与补充。这种方法对学生的要求很高，我们常常在周末、在晚上紧张地查资料，写心得，准备下一周上课……这比仅带耳朵带笔去记录效果久远得多，印象深刻得多，这样获得的认识基本上就是自己的了。"[②] 瞿葆奎先生要求研究生在学习上要"三为主"（以理论学习为主，以专题研究为主，以自学讨论为主），每两周组织一次小型的学术研讨会（戏称为"学术星期六"），要求研究生和访问学者以及其他学校老师参加。据瞿葆奎先生回忆，当时"学术星期六"前后举办了 100 多次，它给研究生提供了一个互相交流、互相研讨、共同对话的平台，提供一个展示自己学术观点、听取他人意见的舞台。"现在回过来看，这项活动还是取得了一些成效的。当年大家在周末的时间、静谧的空间，清茶一杯，围坐桌旁，'济济一堂'，享受着比较丰盛的、营养的'学术餐'，体验着智慧上发生碰撞的乐趣。"[③] 总之，研究生培养中注重读书、交流和研讨的方法，使很多研究生从中获益匪浅，受到

[①] 李秉德：《李秉德文集》，教育科学出版社 2005 年版，第 269 页。
[②] 靳玉乐、李森主编：《学术与人生——张敷荣教育学术思想研究》，西南大学出版社 2004 年版，第 280 页。
[③] 《教育研究》记者：《以"有涯"追"无涯" 以"严谨"求"真知"——瞿葆奎教授谈治学》，《教育研究》2003 年第 2 期。

了严格的学术训练，为他们后来的职业与学术生涯打下了良好的基础。

（四）注重集体培养，发挥导师小组的作用

导师小组的优点在于能发挥导师群体的力量，打破"一对一"封闭的培养方式，以便对学生进行最大限度的指导。西南师范大学和西北师范大学在研究生培养上就延续了这样的经验和传统。张敷荣先生从美国斯坦福大学获得博士学位，深得美国研究生培养之道，因而特别注意发挥导师小组的积极作用。当时西南师范大学教育系以张敷荣为首的导师组有6位赫赫有名的教授，他们多在20世纪30年代就大学毕业，中华人民共和国成立前在国内高校已担任教授，其中包括高振业、秦仲实、张增杰、刘兆吉，后来又增加了何志汉、刘克兰。

表5-3   1986年全国教育学科具有研究生招生资格的教育学教授[①]

教育学各专业	全国各高校正教授名单
教育基本理论专业	陈信泰、陈科美、陈友端、胡德海、黄济、李放、金一鸣、李世邦、厉以贤、刘佛年、鲁洁、瞿葆奎、孙祺藩、王策三、王道俊、王逢贤、王汉澜、王逢贤、王焕勋、谢景隆、吴祥祯、吴也显、杨葆焜、张焕庭
教学论专业	鲍兆宁、董远骞、高振业、李秉德、刘云翔、李放、罗明基、南国农、秦仲实、谭惟翰、唐文中、童年、王明昭、吴杰、阎金铎、张定璋、张敷荣、赵天岗、钟善基、朱绍禹、邹有华
中国教育史	陈本铭、陈景磐、陈学恂、程谪凡、董宝良、樊哲民、何寿昌、江铭、李国钧、柳之榘、马秋帆、毛礼锐、沈灌群、孙培青、陶愚川、王越、伍文、熊明安、许椿生、许梦瀛、杨荣春、张安民、张惠芬、张瑞璠、周德昌、周国光、周树人、朱有瓛
外国教育史	戴本博、黄学溥、金锵、李定仁、李明德、孟宪德、任宝祥、任钟印、王桂、吴式颖、夏之莲、赵祥麟、朱辕、滕大春

---

① 《中国普通高等学校教授人名录》编写组编：《中国普通高等学校教授人名录》，高等教育出版社1988年版，第962页。

续表

教育学各专业	全国各高校正教授名单
比较教育学	成有信、杜殿坤、符娟明、梁忠义、刘树范、刘文修、马骥雄、王承绪、王学孟、杨汉清
高等教育学	李卓宝、潘懋元、孙震、汪永铨、卫道治、谢立惠、张文郁、朱九思

西北师范大学在教学论专业研究生培养过程中也形成了一个导师小组。组长是李秉德，副组长是著名电化教育专家南国农，成员有吕方、胡德海、李定仁和邢志勤等人。华东师范大学瞿葆奎也注重发挥导师小组的作用，当时的指导小组成员有徐勋、施良方、陈桂生等，给研究生讲授课程的有教育系的刘佛年、张文郁、沈灌群、赵祥麟等一些知名教授。北京师范大学教学论专业导师团队中，除了王策三之外，还有黄济、王焕勋、陈景磐、高奇等教授。总之，发挥导师小组的作用是这一时期研究生培养的重要经验。通过导师小组对研究生进行集体指导，或者研究生单独登门求教，令研究生感到获益颇多。

二　研究生教育的扩张

1997年，课程与教学论正式纳入教育学一级学科，成为教育学科的一个重要分支，学科发展的步伐不断加快。从1998年到2005年，华东师范大学、北京师范大学、南京师范大学、东北师范大学、湖南师范大学、华南师范大学、华中师范大学、上海师范大学、陕西师范大学、山东师范大学、哈尔滨师范大学等高校相继获得课程与教学论专业博士授权点，并开始招收和培养课程与教学论专业博士。同期，绝大多数省级师范大学已经开始招收课程与教学论专业硕士生，一些综合性大学也相继设立教育学院，开设课程与教学论专业，并获准招收该专业硕士生。导师队伍逐步实现新旧更替，中青年导师数量不断增加，研究生招生人数迅速增长。

西北师范大学和西南大学继续深化学位点建设，延续了在国内课程与教学论学科的地位和影响力，但由于区位劣势和人才断层现象比较突出，这两所高校课程与教学论学科发展也开始面临一些困难和问题。华东师范大学凭借教育学科整体实力和国家支持，在课程与教学论学科建设和研究生培养方面进步明显，学科发展的优势开始凸显出来。

（一）导师队伍逐步年轻化

20世纪90年代中期以后，老一辈学者年事渐高，相继离退，西南师范大学课程与教学论学科发展开始面临传承和发展的问题。西南师范大学有一批教学论专业毕业较早的研究生（吴定初、张武升、靳玉乐等）相继加入导师队伍，协助张敷荣先生开展研究生培养工作。1997年，年仅31岁的靳玉乐被遴选为博士生导师，接替张敷荣成为西南师范大学课程与教学论学科的负责人，李森、刘义兵等人开始担任硕士生导师。但由于高振业、何志汉、刘克兰等人离退更早，西南师范大学导师队伍青黄不接，人才断层现象比较严重。西北师范大学的情况稍好。李秉德虽然年事已高，但身体一直健康，直到90年代末仍然坚持指导博士生，年富力强的李定仁教授能协助承担大部分博士生培养工作，一批教学论博士（田慧生、王嘉毅、刘要悟、曾天山、徐继存、李瑾瑜、王鉴、蔡宝来等）留校，开始承担研究生培养任务。但后来由于人才外流严重，导师团队开始衰弱，课程与教学论学科曾经的优势地位受到很大冲击。1998年之前，北京师范大学一直没有开设专门教学论专业博士点，王策三主要在教育学原理专业招收博士生。拥有博士点后，王策三业已退休，裴娣娜成为主要负责人，团队成员有丛立新等人。由于后备人才的培养和储备不足，导师队伍过于单薄，影响了该校课程与教学论学科的长远发展。相比之下，华东师范大学课程与教学论专业后备力量充足，导师队伍比较强大。瞿葆奎退休，钟启泉逐渐成为课程与教学论学科的主要领衔者，早期培养的一大批研究生（崔允漷、熊川武、高文、张华、吴刚平等）很快成长，不断充实和壮大自身的导师队伍，填补了老一辈学者退出后留下的人才空白。

（二）研究生培养人数快速增长

1998 年，全国高校新增一批博士点和硕士点，研究生招生和培养规模也开始迅速扩大。据统计，我国研究生招生人数在 1999 年至 2004 年间从 9.22 万人增长到 32.63 万人，连续 6 年增长率超过 20%，截至 2005 年我国在校研究生已接近 100 万人。[①] 从培养数量看，1997 年毕业的教学论专业硕士总数不足 80 人，博士仅 5 人；2005 年毕业的课程与教学论硕士超过 480 人，博士 38 人，分别增长了 6 倍和 7 倍多。这一阶段培养研究生最多的高校仍然是西北师范大学、西南师范大学、华东师范大学、北京师范大学四所高校。另外，东北师范大学、南京师范大学、华南师范大学、湖南师范大学、华中师范大学、上海师范大学等高校随着博士点的建设和快速发展，课程与教学论专业研究生招生和培养人数也有较快的增长。

同期，课程与教学论研究生增长的份额中，有很大一部分来自学科课程与教学论方向。随着我国第一批教学论专业硕士点的设立，很多具有教学论招生资格的高校也相继招收学科教学法专业的研究生。当时学科教学论并不太受重视，研究力量还比较薄弱，导师人数比较少，招收和培养的研究生也很少。学科教学论发展最早、势力最强的是华东师范大学。1981 年至 1996 年间，该校学科教学论专业研究生培养总数超过 90 人，特别是数学教学论、语文教学论、物理教学论、地理教学论等学科在全国都具有较大的影响力。

20 世纪 90 年代中期开始，国内高校学科教学论研究生导师队伍开始壮大，特别是 1998 年课程与教学论学科统整后，各个学科（语文、数学、外语等）教学论成为课程与教学论学科的重要分支，获得了一定发展。截至 2005 年，全国至少有 14 所高校开始招收和培养学科课程与教学论方向的博士生，80 多所高校开始招收学科课程与教学论方向硕士生，招生人数也已经与基本理论方向持平。

（三）研究生培养走向"粗放型"

招生规模不断扩大客观上改变了原有的培养方式，研究生由原来的精心

[①] 周本回：《中国研究生教育 30 年发展的历史回顾》，《当代教育论坛》2009 年第 1 期。

培养逐步蜕变为粗放型。这表现在：第一，导师指导学生的时间减少。扩招后每位导师所带研究生数量增多，用在每一位研究生身上的指导时间相应减少，"少导"甚至"不导"现象突出。第二，培养的封闭性愈益明显。过去研究生教育中很好的传统是发挥导师小组的作用，使学生得到更多导师指导和帮助。这一阶段，导师指导学生倾向于单个人的指导，导师之间合作不足，不利于学生形成开阔的学术视野和知识结构。第三，个别化教学形式愈来愈少。由于研究生数量由少到多，集体班级授课形式开始占主导，个别化教学越来越少，导师对研究生的读书指导、当面交流减少。导师讲授、学生听讲的模式也极为普遍，教学模式与本科教学趋同。第四，研究生管理愈趋松散。很多导师忙于科研或其他事务，与研究生见面机会减少，对研究生关心不够、管理不足，置学生于"放羊"状态，研究生培养质量难免下降。

（四）学术交流活动不足

长期以来，很多高校的研究生在三年学习期间能外出访学、游学，开阔学习的视野，这是过去研究生培养的成功经验。但规模扩张后，很多学校在培养环节上没能及时跟进。虽然课程与教学论界学术会议更加频繁，但研究生鲜有机会参加，即使参加也很少有机会能平等地参与讨论和交流。学术风气也有所下降，学术会议中"一言堂"现象比较普遍，真正的学术讨论趋于减少。正如有学者所言，当前一些偶尔展开的学术讨论中大体上只能发现两种论式：一是"御用"或"注释"型论式；二是强化一己之论断的论式。这就促使广大硕士生和博士生渐渐形成了一种专门的对策：在学术讨论中要么大而化之胡乱吹捧，要么沉默不语，缺乏真正的批判。

三　研究生教育的调整

"十一五"期间，随着我国高等教育持续快速发展，研究生教育也进一步扩张。截至2010年，随着新一轮国家一级学科审批，全国教育学一级学科博士点已经接近20个，课程与教学论专业硕士点已经超过120个，比2006年增加了近30%，研究生招生人数也持续增长。从学科发展内在发展和社会的总体需求来看，课程与教学论专业研究生的培养早已经趋于饱和，呈现结构性过剩的问题。面对研究生规模急剧扩张和日益严峻的就业压力，国家及相关部门开始着手调整研究生教育政策，并有意识地控制招生的规模。

（一）导师队伍日益庞大，学历层次进一步提升

在教育学所有二级学科中，课程与教学论已成为最大的一个学科，课程与教学论专业学位点的数量、导师数量和研究生培养人数都已占据教育学科首位。据统计，2010年全国课程与教学论专业研究生导师中，博导逾300人，硕导1500人以上。其中导师数量最多的是华东师范大学（博导20人/硕导30人）和西南大学（博导17人/硕导47人）。研究生导师队伍年轻化趋势进一步增强。50岁以下研究生导师占总数的80%以上，"60后"中青年课程与教学论学者逐渐成为引领学科发展和学位点建设的骨干和中坚力量，"70后"一代课程与教学论研究群体和导师队伍正在成长和壮大。研究生导师的学历也有了较大提升，具有博士学位的已占到75%以上，年龄在45岁以下的导师85%以上具有博士学位，博士生导师队伍中，具有博士学位的占到92%以上。

（二）研究生数量快速增长，学科方向增幅明显

1999年至2005年，是我国研究生教育规模迅速扩张的时期，2005年我国在校研究生已接近100万人。① 2006年之后教育部已经有意识地控制研究生教育规模，但随着硕士学位点的快速增加和导师人数持续增多，硕士研究生培养人数也以年均11%的速度递增，2006—2010年间全国共培养课程与教学论专业硕士研究生3500人以上。②

课程与教学论专业研究生不断增长的份额中，有很大一部分来自学科课程与教学论方向。到2010年，全国有近20多所高校开始招收和培养学科课程与教学论方向博士生，招收学科课程与教学论方向硕士生的高校也突破了

---

① 周本回：《中国研究生教育30年发展的历史回顾》，《当代教育论坛》2009年第1期。
② 数据来源于中国知网、万方数据库的统计与分析。

100 所。很多拥有课程与教学论博士点和硕士点的高校，其学科方向所培养的研究生在数量上已超过基本理论方向。譬如：华东师范大学在 2006—2010 年间共毕业课程与教学论专业研究生 477 人，其中，基本理论方向硕士生有 161 人，占总数的 33.8%；学科方向硕士生有 316 人，占 66.2%。北京师范大学在 2006—2010 年间共培养课程与教学论专业硕士 303 人，其中课程与教学基本原理方向 138 人，占 45.5%；学科课程与教学论方向 165 人，占 54.5%。

四　研究生培养的问题

改革开放 40 多年来，课程与教学论学科已经发展成为一个庞大的学科群，研究生招生人数已经跃居教育学所有二级学科之首。但真面现实可以发现，在规模急剧扩张和数量迅速扩大的同时，课程与教学论专业研究生的培养也显露出诸多矛盾和问题。

（一）功利心态严重

在今天的工业化、现代化大潮中，随着物质生活的飞速改善，人们的功利心被极大地诱发，整个教育系统也难免受功利主义的熏陶和侵害。所谓功利主义，指的是以眼前、表面利益作为追求的动力，完全忽视了教育本身的规律和目的，无视更高的价值追求，仅求得现实利益满足的一种心理倾向。当前课程与教学论专业学位点建设也深受这种心态的支配，很多高校只愿意下表面功夫，不注重内涵提升，重视现实的利益回报而忽视对更高学术品质的追求。

研究生学位点是高校研究生培养的基本平台。学科建设关系到学校的生存和发展。争取更多的学位授权点一直是高校学科建设的重要目标，这已经是很多高校管理者的共识。40 年多来，随着研究生教育的改革与发展，很多高校已充分意识到学位点建设的重要性，纷纷采取各种措施，积极申报和建设课程与教学论专业硕士点和博士点。必须承认，确实有很多高校具备相应的培养水平和条件，但也有一些高校不顾自身条件，盲目申报硕士点和博士点，一些学校仅注重申报和审批程序，对于学位点建设也缺乏有效的规划和科学发展对策，学科的平台建设和后续发展，研究生培养的水平比较低。

（二）目标定位混乱

长期以来，课程与教学论专业研究生主要去向是高师院校与教育科研机构。然而，自大规模扩招之后，研究生就业的出路问题非常尖锐地凸显出来。每年毕业的课程与教学论专业硕士研究生已经远远超过了社会的正常需求，高校和科研机构已基本无力消化和接纳，被迫"另寻出路"。于是，他们经历三年的学术训练，却必须面对毕业后"学而无用"的尴尬境地。全国很多高校以及研究生培养单位，没有对课程与教学论专业研究生进行准确和清晰的定位，因而在培养方案的制订、课程体系的建设以及教学管理与培养模式的选择方面没有形成自身的专业特色和优势。审视现实，近年来所培养的课程与教学论专业研究生与教育学其他专业研究生相比较也没有显著差别。

（三）培养质量下降

近些年，课程与教学论专业研究生质量下降主要表现为研究生总体学习风气变差，学术水准下降，特别是学位论文的质量降低。究其原因，除了前面提到的导师疏于指导之外，还有以下几个方面。

首先，生源质量下降，优质生源不足。1999年高校扩招之后，高等教育逐渐由精英教育过渡到大众化教育，本科教学质量下滑，也带来了研究生生源质量相对下降。特别是教育学专业招生中，跨专业考取的比例较多，教育学专业基础知识比较欠缺。大量专业基础知识比较薄弱的学生进入研究生队伍，客观上给研究生导师指导和教学带来一定困难。

其次，招生考试体制比较僵化，缺乏灵活性。自2007年起，教育学专业研究生初试由高校自主命题改为教育部统一命题，全国统一考试。全国统一的封闭性考试以考核基础知识为主，不注重学生主观分析问题能力和研究能力，助长了很多学生死记硬背的学习方法，强化了研究生初试中的应试倾向，不利于选拔具有学术潜力的研究型人才。事实证明，能顺利通过考试的研究生，大部分精力都用来死记硬背对付考研，知识面和学术视野比较窄，根本没做好研究生学习的准备；而那些知识面广，思维开阔，具有一定研究能力的学生未必能顺利通过研究生初试。

最后，就业压力加剧，研究生学习动力不足。当前学生读研动机呈现多样化趋势，很多选择课程与教学论专业的研究生往往也是从功利角度出发的。相当多的研究生把读研作为改善生活环境或者逃避就业压力的途径，把考研作为跳板或者逃避所，缺乏刻苦钻研的动力，缺乏真正的学术兴趣。这些非学术性动机导致他们在三年学习中，除了被动地应付课程之外，还面临着学术论文发表的压力和就业的焦虑，无法安心读书和从事研究工作，培养质量也就难以保证。

五　研究生论文的误区

本部分以部分高师院校课程与教学论专业硕士毕业论文为例，从选题、逻辑和基本规范等三个方面进行剖析，探寻当前课程与教学论专业学位论文普遍存在的问题，以期对研究生的培养和论文写作有所助益。

（一）论文选题的偏差

选题是论文撰写的第一步，直接影响学位论文的质量。当前课程与教学论专业研究生来源以应届本科毕业生为主，他们对实际教育教学问题缺乏深入思考，问题意识比较匮乏，因而很难独立提出有价值的研究课题。在论文选题中，普遍存在以下两方面的问题。

1. 选题过大

对一些不愿费力开展扎实的实证研究的研究生而言，从所阅读的有限文献资料中去选择一个大而化之的理论问题进行研究，就成为他们最"适宜"的选择，如"小学学校管理的理论与实践""小学生命化课堂教学研究""课堂过程性教学评价体系建构""个性化教学的模式建构研究"等。这类选题现有成果比较充足，文献丰富，只要查阅、收集和整理相关研究成果，花些功夫就能成文。由于该类选题没有从研究者本人的切身感受出发，没有基于教育实践问题进行调查，论文内容多充斥着人云亦云的空泛概念和理论说教，无助于研究者理论水平的提升和对教育实践的理解与反思。

值得注意的是，有些论文为了缩小或限定研究的范围，常常给标题扣上一个理论的帽子，将论文的标题冠之以"×××理念下""×××视角下""××××背景下"等。其实，从论文的实际内容来看，这些"帽子"是多余的，仅仅是一个装饰而已，去掉这些"理论""理念"和"视角"，也不会影响对论文的整体阅读。而且经过一番修饰，填充一些空泛的理论后，原本清晰、明确的研究主题反而变得模糊，论文真正的问题被掩盖了。

2. 选题跨界

倘若顾及学生毕业后从事教育实践工作的需要，教育学专业硕士论文应尽可能围绕课程与教学的基本理论与实践问题，开展课堂观察和调查，进行案例研究或行动研究。当前课程与教学论专业一些学位论文选题偏离了课程与教学论的领域范围，选择了家庭教育、中等教育甚至职业教育等。其实，课程与教学实践中存在诸多现实问题、矛盾和困惑，适合研究生选择的课题俯拾皆是，若弃之不顾而跨界选择范围之外的问题，不仅违背了课程与教学论专业研究生培养的方向与目标，而且也无益于研究生毕业后作为教师的专业成长。

当前还有个别研究生不是基于真实的学校情境，而是从书本或想当然的理论预设出发，虚拟了一个在实践中不存在的问题，然后似乎很认真地开展论文的写作，杜撰了一篇洋洋洒洒几万字的学位论文。事实上，很多研究者在进行论文选题时，陷入了虚假无根的境地，很大程度上是因为他们并没有深入教育一线，对现实教学实践缺乏真实的体验与感受，也就只好以想象代替现实。

(二) 论文的逻辑混乱

学位论文是对研究内容和研究结果的呈现。一篇优秀的硕士学位论文除了要科学合理地选题之外，还需进行清晰的逻辑论证。严谨、规范的硕士学位论文应该思路明确，材料可靠，概念准确，内容连贯，角度一致，切忌互相交叉、互相包含。近些年课程与教学论专业硕士学位论文中，概念混乱、思路不清、随意堆砌材料等现象比较普遍。

1. 概念混乱

概念是思维的基本形式之一，是构成逻辑的基本要素。倘若概念混乱不堪，混淆与误解就会丛生，得出的结论就缺乏准确性。概念混乱会造成论证缺乏严谨性，降低了论文的学理性和学术性。

第一，自相矛盾。学位论文的呈现与组织要体现逻辑思维的基本规律。其中形式逻辑中的同一律是逻辑思维的重要规律。所谓同一律就是在同一思维过程中，必须在同一意义上使用概念和判断，不能混淆不相同的概念和判断。在很多学位论文中，经常出现分析和讨论问题时使用的概念前后不一、自相矛盾、漏洞百出等现象。可以说，没有遵守形式逻辑中的同一律是导致这些论文逻辑混乱的重要原因。

第二，指代不强。概念混乱还表现在总是大而化之地进行概念之间的随意切换、套用，而不究其是否妥帖。譬如，很多学位论文喜欢探讨"×××的性质"，但是又缺乏对事物本质的独特认识，因此只好套用譬如"历史性""社会性""文化性"等笼统的概念；有些研究生在阐述管理与教学原则的时候，也经常随意地搬用"民主化""师生平等""教育性"等一些大而化之的概念，而不加以特殊的解释、说明和论证，充斥着大量看似正确、实则空洞的学术套话。造成论文内容空泛，蜻蜓点水，言之无物。

第三，随意捏造。有些论文刻意追求创新，拼凑、捏造了一些无法共同理解的词汇。如，有一篇学位论文在论述民俗文化的特性时，将其概括为"类型性""扩步性""轨范性"等。很显然，此类概念是违背语法规则臆造的，非但不能给论文增添创新色彩，反而会给读者制造很大的阅读障碍，让读者很难顺畅、自然地理解作者所要论述的内容。概念的创新是对原有内涵的改变和发展，是建立在人们共同的生活、经验、感受基础之上的，必须具有可理解性。缺乏学科认同、没有实质内涵的所谓新概念只不过是新名词的随意嫁接而已。

2. 思路不清

学位论文的思路清晰与否突出表现在各级标题的使用上。论文各级标题的设置必须和论文内容的展开顺序一致，小标题要在论文总标题的统摄之下，为上一级标题服务。好的论文标题也要彼此呼应、工整对仗、浑然一体，它们之间的关系或并列，或递进。

大标题与小标题取舍随意、混乱的现象在硕士学位论文中非常普遍。很多研究生犯这样的错误，大多是因为他们缺乏整体的思路，或者受相关资料的限制，对所研究的内容缺乏一个整体上的筹划，对各部分之间的逻辑关系没有进行严格的审查。[1]

3. 随意堆砌材料

很多研究生习惯于在论文中罗列大量的教学案例，或堆砌一些学校的工作经验、规章制度和改革措施等，用案例和事实来替代必要的分析和论证，将学位论文当成了简单的经验总结或工作汇报，亵渎了学位论文应有的学术理性。

随意堆砌材料的现象在教育叙事研究类的学位论文中表现尤为突出。此类叙事研究用描述故事的方式来代替逻辑和理性的分析，通过堆积文字材料揭示一个明显简单的道理，降低了学位论文的学术性。社会学家 C. W. 米尔斯对这种研究倾向进行过形象的批判，"设计一个田野研究只为了找一个可以在图书馆找到的答案，是很笨的；同样地，将书中的内容转换成适当的经验研究——即转换成事实的问题——便自以为彻底理解了这些书，也是很笨的"。[2] 更严重的是，有些研究者在对研究主题没有充分把握的情况下就急于叙事，把故事叙事当成了文学创造，根据自己的想象去编造、杜撰自己（或他人）的教育"故事"，堆砌了虚假的文字材料，亵渎了真正的叙事研究。

4. 论据不妥

论文写作需要研究者提出可信的事实和依据，并对所提出的主要观点进

---

[1] 马来平：《人文社科研究生学位论文中的逻辑问题》，《学位与研究生教育》2013 年第 10 期。
[2] ［美］C. W. 米尔斯：《社会学的想像》，刘钤佑译，巨浪图书公司 1996 年版，第 272 页。

行条理清晰的分析与论证。证据不足，则观点无所依靠，结论难以成立。当前课程与教学论专业学位论文中，论据不妥导致论证乏力的现象比比皆是。

第一，用未经证实的假设作为论据。有些研究者随意用一些看似正确但没有被证实的假设作为论据，进而展开论证。如在一篇题为《××××教师课堂管理的叙事研究》的论文中，作者在分析影响小学教师课堂管理的因素时，将学生课堂纪律较差归因于家长的学历低："A教师任教班级有70%的学生家长文化水平在初中以下，仅有一名学生家长是研究生。"在人们的日常思维中，家长的学历与儿童遵守纪律之间似乎是正相关的，家长学历越高，孩子课堂纪律就越好。然而，这或许只是人们在日常生活中形成的一种刻板印象，这一假设是未经证实的。即使进行过相关研究，研究者也并没有在文中进行相应的注解。可以说，不少研究者在论文写作中经常妄下论断，把需要证明的假设直接当成证据，走向了研究中的主观主义。这种错误倾向是学位论文写作中特别需要警惕和避免的。

第二，以自己的主观想象作为论据。很多课程与教学论专业研究生在撰写论文时，缺乏证据意识，不愿费力去寻求一些原始资料和可靠的证据来支撑论文观点，而是以主观想象代替客观事实，以应然代替实然，来展开论文的分析与论证。如在一篇《××××××〈小学国语〉性别角色研究》论文中，作者分析了民国时期教科书对儿童性别角色产生的"影响"：

> 对男性影响主要体现在以下三个方面：潜在影响男性从事家务的积极性，有利于男性职业角色的发展，三是容易形成男性的优越感……
>
> 对女性的影响体现在：一是潜在培养女性贤妻良母型的家庭角色，二是不利于女性职业角色的发展，三是容易形成对女性的歧视。

作者分析的这些所谓的"影响"是真实的吗？如果是，作者又是通过什么样的方式发现的？通读全文，作者并没有交代，也没有用相关史料来佐证，作者本人更不可能穿越历史去开展调查研究。因而，这样的论据只能是作者一厢情愿的想象而已，虽然想象有时可能有一定的合理性，但毕竟不能代替历史的真实，不可以作为直接论据加以使用。

（三）基本规范的缺失

当前课程与教学论专业学位论文除了选题和逻辑、论证方面存在较多问题之外，在写作规范方面也问题突出。

1. 摘要撰写不周全

摘要位于学位论文正文之前，是对学位论文框架的简要介绍和内容的高度概括。摘要要求客观、真实、全面、精练地反映论文主题内容，以方便读者在较短时间内对论文内容有整体的把握。目前，课程与教学论专业研究生学位论文摘要的撰写存在问题主要有：

第一，信息偏颇、重复。很多论文常常只陈述研究方法、研究内容而没有涉及研究结论，或者只有研究内容、研究结论而没有提及研究目的和研究方法，造成摘要信息不完整，有失偏颇；很多研究者不注重对论文内容进行概括和凝练，而是简单摘录正文中某些语句，这样的摘要信息价值低，涵盖性也不强。

第二，表述方式不恰当。摘要是对论文内容的高度凝缩，需要客观、准确、忠实地呈现论文的主题内容，而不少论文常常出现"本文""作者""本人""我们"等第一人称语气的陈述方式，甚至出现"本研究第一次提出了……""本文认真分析""本课题创造性地……"等这些自我评价性的语言。

第三，缺乏逻辑。有相当多学位论文的摘要是粗略地从论文中抽取一些标题和句子，简单拼凑和堆积而成，并不是按照内容的逻辑关联对论文内容进行系统概括。

2. 关键词使用不严谨

关键词是学位论文的主题、核心内容和主要概念的集中体现。[1] 论文呈现关键词的目的是为检索文献提供依据，读者通过对关键词的搜索便可查询到相关内容的研究文献。当前课程与教学论专业学位论文中，关键词撰写中最常见的问题有：

---

[1] 杨昌勇：《学术论著注释和索引的规范与功能》，《中国社会科学》2002 年第 2 期。

第一，关键词漏选或泛选。关键词的选择一定要注意在概念上与论文的主题内容相符，不能扩大，也不能缩小。当前学位论文中关键词漏选现象较为常见，泛选现象更普遍，很多论文选择了与主体内容相关度不大的词或词组，将那些没有参考价值的概念抽取出来。

第二，关键词不是词或词组，而是短语甚至句子。有不少研究者没有真正领会关键词的意蕴，将一些带有修饰成分的短语或句子作为关键词。

第三，关键词不"关键"。有些研究生习惯性地将论文标题中的词汇拆解后作为关键词，囊括了很多没有检索意义的通用词，如"分析""研究""影响""问题""建议"等。由于这些词汇不是标识论文的核心词汇，所以很难搜索到准确、有效的相关文献。

3. 文献综述不规范

文献综述是学位论文的重要组成部分。文献综述的写作要求研究者首先对选题所涉及的研究领域的文献进行广泛阅读和理解，在此基础上对该研究领域的研究现状（包括主要学术观点、前人研究成果和研究水平、争论焦点、存在的问题及可能的原因等）、新水平、新动态和发展前景等内容进行综合分析、归纳整理和评论，并提出自己的见解和研究思路。文献综述要全面反映研究成果的总体现状，既要考虑该领域早期的关键文献，也应触及最新的研究进展。文献综述不规范在课程与教学论专业研究生学位论文中也比较突出。

第一，文献综述结构不完整。譬如，有些论文只是对已有文献进行罗列和堆积，却没有进行一定的分析、比较和归类，更没有对现有研究进行述评；有些论文只是阐明了已有研究的特色和成就，却没有指出研究成果的不足，或者没有交代本研究的假设和侧重点。

第二，文献综述有遗漏。当前研究生学位论文的文献综述存在的最大问题，是对文献资料的把握不够全面，遗漏了重要文献。有些只是反映了早期的研究而没有考虑最新的研究成果，或者只有中国学者的相关研究而没有涉及国外的学术进展，或者对期刊论文中相关研究介绍较多，而对专著、历史文献以及原始档案等第一手资料的综述比较少。

第三，文献综述重心偏离。文献综述是对核心内容和主题紧密相关的研究成果进行综述,既要全面,也要有侧重和针对性。当前有很多学位论文不是仅仅围绕核心问题进行综述,而是面面俱到,对一些外围的问题也进行综述,冲淡了文献综述的重点和关键部分。

4. 参考文献不规范

参考文献是指为撰写或编辑论文和著作而引用的有关文献信息资源。研究者在选题论证、调查研究时,经常需要借鉴参考一些文献资料,了解学科发展的现状与动态,避免重复性研究。[1] 高质量的参考文献能反映出作者良好的治学态度,透视出研究者开阔的研究视野。从当前课程与教学论专业学位论文的参考文献来看,不规范现象比较突出。

第一,参考文献数量过少。有些学位论文的参考文献数量有限,很多重要的研究文献没有囊括进来,表明作者视野比较狭窄,不了解已有的研究成果,或者缺乏文献检索的正确方法,没能检索到相关文献,也可能是作者根本没有在文献检索方面下功夫,敷衍了事,缺乏认真和严谨的学术态度。

第二,参考文献质量不高。有些研究生在论文撰写过程中,不加选择地随意引用,所列出的参考文献不具权威性,甚至是第二手、第三手的文献。也有很多学位论文的参考文献过度依赖于期刊论文(很多是非主流、低质量的期刊),较少引用著作,文献质量不高,大大降低了学位论文的品质。

第三,参考文献随意罗列。学位论文在著录参考文献时,应只限于作者亲自检索、查阅和引用过的文献。但事实上,有不少研究生将一些自己没有阅读、对论文写作也没有帮助的文献随意罗列进来,冒充"学问",以显示占有的资料很全面。在很多论文中,参考文献并没有按照一定的规范和顺序进行排列组合,著作类、期刊类、学位论文类等不同类别的文献交杂在一起,混乱不堪,降低了学位论文的质量。

---

[1] 王颖、杨艳荣:《参考文献不可小觑》,《现代情报》2003年第9期。

第六章　课程与教学论的学术交流

近代以来,学术共同体开始兴起,推动了学科知识的进步和理论研究的深入,促进了专业人才的成长和学术队伍的壮大。专业学会作为当今学术共同体的主要形式,被视为一门学科成熟的重要标志。专业学会通过举办学术会议,及时展示新的学术成果并经由同行之间的交流、对话,在推动学术交流和学科发展方面发挥着重要作用。改革开放以来,在中国教育学会的领导和促进下,课程与教学论专业学会陆续成立。课程与教学论专业学会在举办会议过程中通过设定会议议题,对研究者的学术旨趣或研究方向产生了相当影响,对整个课程与教学论学科发展和走向产生很大的支配作用。

以中国共产党的第十一届三中全会为界,我国课程与教学论学术交流的历史可分成两个阶段:前三十年(1949—1978)和后四十年(1979—2018)。前三十年主要呈现为政治话语下苏联学术话语体系的引进和革命化批判,后四十年则是学术交流的真正兴起和繁荣阶段。

一　学术的泛政治化

1949年至1978年,是我国政治、经济体制发生重大变革的时期,文化教育领域经历了规模空前的思想改造运动,使我国迅速形成了一元化的高等教育体系和学术体制。这一体制有两个重要特征:其一,把马列主义、毛泽东思想确立为教育活动和学术活动的根本指导思想，毛泽东思想事实上成了统一所有学科研究的"元理论"；其二，集中统一、国家计划，即建立起单一的公立教育体制和高度统一的高等教育管理体制，把教育特别是高等教育发展全面纳入国家计划和规划的轨道①。

（一）苏联教学论话语的引进与讨论

中华人民共和国成立后，以马列主义、毛泽东思想为指导，构建新的话语体系，是当时教育学领域研究的重要方向。1949 年 11 月 14 日，《人民日报》刊载了凯洛夫主编的《教育学》部分篇章，称赞其为"理论与实践相结合的巨著"。此后，教育学界迅速掀起了学习和讨论苏联教育学的热潮②。这股热潮主要表现在三个方面：一是翻译了许多苏联的教育学教材和著作。其中，所翻译的由凯洛夫主编的《教育学》影响最大，全国大部分高师院校将其作为教材或主要参考书，一些教育行政干部和中学教师也以之为业务进修读物。二是邀请了一些苏联专家学者讲授教育学。1950 年至 1952 年间，中国人民大学、北京师范大学、华东师范大学等高校多次邀请苏联教育学专家开展讲座，讲授苏联教育学。张敷荣、李秉德、鲍兆宁、王策三、张定璋等人在接受培训期间都聆听过苏联专家的讲座，还撰写了个人思考和体会，从马克思主义认识论的立场出发阐发对教学问题的理解③。三是高校教育学者积极做辅导性或普及性报告，阐述苏联教学论思想。如孟宪承于 1951 年在华东教育部干部业务学习时，曾作了凯洛夫《教育学》第二编"教学理论"的辅导报告④。1955 年至 1956 年，上海市教育局还曾组织中等学校教师收听教育学广播讲座，由教育学者在电台主讲。这些报告和讲座在全国教育学界引起了较大反响，对苏联教学论思想在中国的传播发挥了重要作用。

---

① 于述胜：《中国现代教育学术史论》，中国社会科学出版社 2012 年版，第 143 页。
② 郑金洲、瞿葆奎：《中国教育学百年》，教育科学出版社 2002 年版，第 107 页。
③ 张敷荣先生 1952 年 4 月在北京研修期间，写成了《教学过程的本质》一文，刊登在北京师范大学教育系大学教师进修班编的讲稿中（见靳玉乐、李森主编《学术与人生——张敷荣教育学术思想研究》，西南师范大学出版社 2004 年版，第 357 页）。
④ 孟宪承：《凯洛夫〈教育学〉第二编学习提要》，《新教育》1952 年第 2 期。

表 6-1　　　　　　　1956—1963 年各省市成立的教育学会

成立时间(年)	教育学会的名称
1956	湖北省教育学会、湖南省教育学会
1957	上海市教育学会
1958	武汉市教育学会
1959	内蒙古自治区教育学会
1960	山东省教育学会、广东省教育学会
1962	南京市教育学会
1963	江西省教育学会

在全面"苏化"的背景下，很多教育学者受当时气氛的影响和形势的逼迫，纷纷撰文，阐明对苏联教学论的认识，表明自己的政治立场和态度。其间，《人民教育》[①]和《教师报》等报刊曾集中登载长篇文章，对"全面发展"和"因材施教"的关系进行了热烈研讨。[②]湖南、上海、内蒙古、山东、广东等省市（还包括南京、武汉等地）陆续成立了教育学会（见表 6-1），建立了相应的管理机构，制定了教育学会章程。这些省级教育学会组织高校学者召开了系列教学理论研讨会，会议主题既包括教育规律、教育目的、教育方针等一般的教育原理，也涵盖"发挥教师主导作用""理论联系实践""因材施教"等具体的教学论问题。[③]

---

① 《人民教育》杂志创刊于 1950 年 5 月 1 日，成为当时教育学术批判的主要阵地，对中华人民共和国成立后 17 年我国教育学学科体系的发展产生了重要影响。

② 主要的文章有：《要正确理解"全面发展"，是否加上"因材施教"应该慎重》（陈选善，1956）；《应该澄清对全面发展与因材施教的几种误解》（张宗麟，1956）；《"全面发展因材施教"的方针是符合个性发展的客观规律的》（朱智贤，1956）；《我不反对"全面发展、因材施教"的提法》（吴研因，1986）；《不必把"因材施教"加在"全面发展"的教育方针上去》（王焕勋，1956）；《用不着把因材施教当作方针提出来》（张健，1956）；《我对"全面发展"与"因材施教"的认识和意见》（高镇五，1956）。

③ 《上海教育学会讨论教师的主导作用等问题》，《学术月刊》1959 年第 4 期。

值得关注的是，我国从苏联引进教育学的过程中，对教学论（教学法）也比较重视。1956 年 1 月，时任教育部副部长董纯才主持制定了《关于1956—1967 年发展教育科学的规划草案（初稿）》，对全面建设社会主义时期我国教育科学事业发展进行总体谋划。3 月，曹孚在"教育科学规划草案"第一次座谈会上，提出教育科学包括教育学、心理学、教学法、教育史等领域，阐述了这几个领域研究的重要任务以及具体研究的中心问题。[①]

（二）政治批判性话语的泛滥

中苏关系恶化以后，国内开始大肆批判苏联的"修正主义"思想，政治领域中的"左"倾主义也迅速蔓延至社会文化和教育系统中。1958 年 4 月 1 日，《教师报》发表了题为《为教育实践服务的教育科学必须来个大跃进》的社论，号召教育科学研究事业也应"迈开步子，实现跨越式发展"。7 月，中宣部部长陆定一在《红旗》杂志发表了一篇《教育必须与生产劳动相结合》的署名文章，对教育学的发展提出了明确的定位，指出"教育学是社会科学，一切社会科学都要跟着政治走，教育学也不例外"。8 月 30 日，《人民日报》接着又发表了《学术批判是自我批判》的社论，提出高等学校的领导者要大胆地发动群众，帮助资产阶级学者进行学术思想批判，清理"落后、腐朽的思想残余"。其后，全国高师院校迅速响应，掀起了一股声势浩大的学术批判运动，教学理论领域火药味日渐浓烈，批判性话语不断升级，正常的学术批判最终沦为以阶级立场划界的政治批判。

1. 对实用主义教学论的批判

教育学界较早对杜威进行的系统批判，始于曹孚在《人民教育》（1950 年 10 月的第 6 期和 11 月第 2 卷第 1 期）上发表的《杜威批判引论》一文。该文秉持阶级斗争立场，对杜威教育哲学进行了严厉的批判，"假使我们要批判旧教育的思想，我们首先应该批判杜威"。因为"杜威的教育思想支配中国教育界三十年，他的社会哲学及一般哲学，在一部分中国人中间，也有一定的影响。杜威的理论，立场是反动的，但他有时颇能运用'左'倾辞令，貌

---

① 侯怀银等：《20 世纪中国教育学发展问题研究》，北京师范大学出版社 2011 年版，第 217 页。

似进步,其实反动,最足以迷惑人。他的结论是肤浅的,但他的著述披着博大的外衣,并有相当谨严的体系,最足以吓唬人……"① 此文发表后,很快引发了巨大反响,杜威在中国教育学术界的形象开始发生颠覆性转变。

1957年整风运动期间,《人民教育》刊发了大量措辞激烈、立场鲜明的文章,对杜威实用主义教学论进行尖锐的批判,直斥杜威经验认识论的唯心主义倾向,全面揭露了实用主义教学论的"反动"本质。其主要观点为:第一,它是与马克思主义相违背的。"实用主义教学论是和杜威反动的教育本质论、教育目的论密切联系着的,是为反对马克思列宁主义教学论而提出的,是为贯彻资产阶级的教育目的和任务而提出的。"② 第二,实用主义者对教学方法的认识是错误的。"从做上学的荒谬,它的严重错误在于教人用尝试错误进行暗中瞎摸式的教学,那是极低级极粗糙,效果极低微的学习方式,不能保证正确的学习内容,不能保证广泛的学习倾向,不能保证迅速的学习进度,不能保证经济的学习效果。"③ 第三,实用主义教学过程观以主观唯心经验论为理论基础。"实用主义关于教学过程的理论,概括地说,就是'从做中学',它是和科学的教学过程的本质完全违背的"④,"它把狭隘的实际经验提到第一位,而降低理论和系统知识的作用。"⑤ 实用主义教学方法所依据的教育理论基础,是受杜威的"教育即生活"和"儿童中心主义"反动的教育理论所支配,以及受"学校即社会"和"从做中学"的反动原则所指导,这都建立在他反动的主观唯心主义之上。

2. 对量力性原则的批判

1956年,我国各项事业基本完成社会主义改造,社会经济、政治和文化领域都发生了前所未有的变化。时代与形势的发展也向教育工作者提出了新的历史任务,即"以最快的速度普及教育,提高教学质量,尽快地培养出一

---

① 曹孚:《杜威批判引论》(上篇),《人民教育》1950年第6期。
② 郑其龙:《实用主义教学论批判》,《湖南师院学报》1956年第1期。
③ 邓峻璧:《批判实用主义教育学关于教学过程的理论》,《华南师范学院学报》(社会科学版)1958年第2期。
④ 同上。
⑤ 王倘:《批判实用主义教学方法》,《华中师范学院学报》1957年第2期。

支强大的又红又专的人才队伍"。随着"大跃进"运动的开展,教育领域中的急躁冒进情绪也迅速蔓延开来。针对教学中存在的"少慢差费"现象,加快教学改革的呼声日渐高涨。而要进行教学改革,首先就要批判不合时代要求的教学思想和教学方法。作为"资产阶级教学思想"的一个典型体现,"量力性原则"就成为亟须批判的对象。

1960年4月,时任国务院副总理陆定一在全国人大二届二次会议上作了《教学必须改革》的报告,拉开了全国教育界批判量力性原则的序幕。他在报告中说,"教学问题上,我们主张要尽可能地多快好省,但目前我们教学上还有严重的少慢差费的现象,因此必须进行教学改革"①。"在资产阶级教育学里,有一条原则,叫'量力性原则'。资产阶级教育学的'量力性原则'有对的一面,就是主张不可以使学生负担过重和主张因材施教。但资产阶级教育学的'量力性原则'也有错误的一面,反动的一面,这就是不把学生当做自觉性、主动性的人看待……资产阶级教育学是为教学的'少慢差费'辩护的。"② 在这股批判大潮中,媒体一边倒地指出,"量力性原则背后的教学理论实质上是一种唯心主义、形而上学的力量,是与辩证唯物主义直接对立的"。"拥护资产阶级量力性原则的人,常常利用这个原则中的合理的一面,来反对教学改革。他们不懂得,只有在彻底批判、否定这个理论的前提下,才能吸收其中有用的部分;不懂得我们进行教学改革的目的之一,正是要适当控制学时,使学生不致在一些落后、陈旧、无用的知识上耗费精力"③。因而,推进教学改革是一场深刻的"兴无灭资的革命"④,对于阻碍革命、阻碍教学效率提升的"反动"的理论,就应该予以彻底批判。

3. 对凯洛夫教学论的批判

对凯洛夫教学论思想的大肆批判,大致从20世纪60年代初开始,在60年代末达到鼎盛。其实,在"全面苏化"过程中,教育学界对凯洛夫教学论

---

① 陆定一:《教学必须改革——在人大二届二次会议上的发言》,《人民教育》1960年第4期。
② 同上。
③ 杨秀峰:《做教学改革的促进派》,《人民教育》1960年第6期。
④ 同上。

并非没有歧义,也曾有学者对其进行过温和的批评。陈友松曾在一篇《教育工作中的教条主义和官僚主义》的文章中指出,"教育工作中的教条主义和官僚主义,我认为最主要的是表现在领导和贯彻学习苏联这一不变的基本方针上","过去几年我们习惯于对一切资本主义国家的学术扣上唯心主义的帽子,习惯于骂街或断章取义地引用经典著作来代替我们的独立思考"[1]。但这种客观质疑和理性批评的声音很快淹没在对苏联教学论的热烈宣传中。"文化大革命"爆发后,教育领域反对苏联修正主义的思潮一浪高过一浪,自然将从苏联全面照搬而来的凯洛夫教学论作为批判的靶子。《人民教育》《解放日报》《浙江日报》等杂志和报纸连续刊载大量的批判文章,掀起了一场"围剿"凯洛夫的"人民战争"。在报刊媒体的鼓噪和渲染下,对凯洛夫教学论的批判,也由上到下,传播至各高校。有研究者从唐文中先生60年代的笔记、会议记录中,发现当时高校经常开会,对凯洛夫教学论进行批判,"更有甚者,一天就开了六次会议,主题都是批判凯洛夫的,这种批判一直持续了很长时间"[2]。批判的矛头主要集中在三个方面:第一,凯洛夫教学认识论是"伪科学",反马克思主义的。"凯洛夫在反动的教育观的基础之上,把夸美纽斯的教学原则、乌申斯基的德育主张,甚至连德国反动的教育家赫尔巴特的'四段教学法'都统统收罗起来,修修补补,以拼凑他的庞大的教学'体系'。什么'五个教学原则''六个课堂环节''五级计分制度',外加一大堆的'原理''结构''大纲''手段'和'方法'。这真的是'科学'吗?不,其实是一套反科学的伪科学"[3]。一些评论文章进一步上纲上线,痛斥其为"直接维护着一小撮资产阶级反动教育的权威和资产阶级知识分子对学校的统治,妄图把青年一代改造成为害怕革命、害怕群众、抵抗社会主义新事物的资产阶级分子,以利于资本主义的教育"[4]。第二,知识中心、课堂中心的教学模式是有害的。"按照凯洛夫的逻辑,学生似乎只要踏进像'宝塔'式的长学制

---

[1] 陈友松:《教育工作中的教条主义和官僚主义》,《文汇报》1957年4月30日。
[2] 屈青山:《唐文中教育思想研究》,硕士学位论文,哈尔滨师范大学,2013年,第12页。
[3] 洪教史:《揭开凯洛夫教学论的老底》,《文汇报》1970年3月5日。
[4] 上海革命大批判写作小组编:《谁改造谁——评凯洛夫的〈教育学〉》,《红旗》1970年第2期。

的学校中，蹲在课堂里死啃教材，就能获得知识了。这纯属欺人之谈。凯洛夫关于'课堂'的谬论，说穿了，就是把学生长年禁锢在课堂里，以课堂为樊篱，把学生当敌人来实施教学。从黑板上学种田，在课堂上学做工，到底能学到什么样的知识，难道我们见得还少吗？"① 对此，毛泽东曾在一次谈话中对传统教学模式进行了尖锐的批判，"学生长年累月地从'课堂'到'课堂'，看不见稻、麦、稷，看不见工人怎样做工，看不见农民怎么种田，看不见商品是怎么交换的，书读得越多，束缚就越紧，人变得越愚蠢，身体也搞垮了，真是摧残人，毒害学生。"② 第三，凯洛夫的"教学阶段论"是"洋八股"。凯洛夫的教学论以"教学阶段论"为"理论基础"，把课分成不同的类型。每一类型又划分成几个环节，最常用的综合课包括组织备课、检查家庭作业、讲新课及其和旧课的联系、讲授新课、巩固新课、布置作业等六个环节。在批判者看来，"教学过程每个环节各占几分钟，也明文规定，而且还让教师按照既定的框框编写教案，并规定教师在课堂上'忠实'地执行教案。于是不看实际需要，也不管教师和学生的具体情况，机械地按照既定框框办事。课堂上，教师讲，学生听；教师问，学生答；教师出题目，学生做作业"③。如此一来，"学生完全被剥夺了一切主动性，这不是资产阶级专政在教学上的反映吗？"在报刊媒体狂轰滥炸的批判中，凯洛夫以教学认识论构建的教学阶段论就被认定为是一套"彻头彻尾的洋八股"，是完全反马列主义的，因而需要"批倒批臭"。

总之，经过中华人民共和国成立初期的思想改造运动，一种新的学术话语体系逐步形成，那就是以阶级斗争和阶级分析法为中心的历史唯物论，以唯物主义、唯心主义的分野和斗争为中心的辩证唯物论④。在对杜威教学论和凯洛夫教学论的批判中，虽然也有一些相对客观、公允的声音存在，但在政治强制和思想高压之下，教学论领域的"左"倾错误日趋严重，最终政治批

---

① 洪教史：《揭开凯洛夫教学论的老底》，《文汇报》1970年3月5日。
② 毛泽东同志1964年2月13日在春节座谈会上的讲话。
③ 同上。
④ 于述胜：《中国现代教育学术史论》，中国社会科学出版社2012年版，第143页。

判逐渐取代学术批判，领袖语录和政策汇编取代了教学理论，成为指导各级各类学校教学工作的最高指示。

二　学术交流的兴起

1978 年，中国社会科学院召开多次座谈会，就教育学科发展和扩大学术交流展开讨论，一些教育学者建议成立全国性的专业学会，以吸纳全国教育理论工作者，开展学术活动，共同研究教育理论与实践问题。1979 年 4 月 12 日，在教育部和中国社会科学院联合召开的全国教育科学规划会议上，中国教育学会宣告成立。随后，学会出版了会刊《中国教育学会通讯》（1988 年改为《中国教育学刊》），刊载教育理论和实践研究成果，促进了学术成果的传播和分享。中国教育学会成立后，从 1979 年开始至 1983 年先后组织了三次大规模的全国教育学讨论会，就教育学的一些基本问题展开讨论。此外，这一阶段一些高校也自发联合举办各种形式的教育学研讨会，如"华东华北七院校教育学研讨会"就具有一定代表性。1981 年 10 月，由北京师范学院、天津师范学院、河北大学、河北师范大学、内蒙古师范大学、山东师范大学、曲阜师范学院等院校联合发起，在曲阜召开了华东华北七院校第一次教育学学术讨论会。此后，该研讨会由七所高师院校轮流承办，每年召开一次年会，就教育学科发展问题开展讨论和交流，在全国教育学界产生了较大学术影响。

1985 年 6 月，经中国教育学会批准，教育学分会下设"教学论专业委员会"，亦称为"全国教学论学术委员会"。同年 6 月 22 日至 28 日，全国教学论学术委员会在哈尔滨师范大学召开了第一次研讨会，来自不同高校和科研机构的二十余位学者参加。会议回顾了改革开放以来教学理论研究的基本进展，就教学论的学科性质、理论基础等问题进行了热烈讨论[1]。全国教学论学术委员会成立后，当年 11 月还组织一些学者在南京大学举办了全国高等学校

---

[1] 瞿葆奎主编：《教育学文集》，人民教育出版社 1988 年版，第 662 页。

教学理论与教材建设学术讨论会，就教学论教材建设问题进行了专门研究。1987年9月26日至30日，华中师范大学承办了第二届全国教学论学术研讨会，来自全国高校、科研机构的90位代表参加了会议。会议围绕教学理论与教学实践结合这一主题，分析了过去教学理论研究中存在的一些问题，就教学论的学科性质等基本范畴进行了集中探讨，一致同意要加强高师院校的教学论教材建设，强化院校之间科研课题的协作，进一步开展教改实验，加快扶持教学论专业青年教师和研究生的培养，以使教学论力量更集中、研究更扎实、队伍更壮大。本次会议还邀请到会的教学论专家开办了"现代教学论"讲习班，对来自全国20多个省市的教育管理者和一线教师进行了集中培训，扩大了教学论的学术影响，提升了教学论学科的社会影响力。1989年至1994年，广西师范大学、天津师范大学、西南师范大学又相继承办了三届大型的学术年会（见表6-2）。

表6-2　　　第一届至第十六届全国教学论专业委员会年会举办情况

届次	召开时间（年）	承办单位	会议主题
第一届	1985	哈尔滨师范大学	教学论的理论体系建设
第二届	1987	华中师范大学	加强教学理论与实际结合,深化普通教育改革
第三届	1989	广西师范大学	大面积提高教学质量的问题
第四届	1991	天津师范大学	教学理论与教学实践关系;教学论学科体系
第五届	1994	西南师范大学	改善教学论研究方法,提升教学理论研究水平
第六届	1997	陕西师范大学	主体教育的理论与实验研究、教学活动理论与活动课程
第七届	1999	西北师范大学	面向21世纪我国基础教育课程改革的基本问题
第八届	2001	湖南师范大学	全球化与中国教学论发展的走向
第九届	2004	北京师范大学	我国教学论反思、基础教育课程与教学改革反思

续表

届次	召开时间（年）	承办单位	会议主题
第十届	2006	西南大学	教学基础理论与教学论学科建设
第十一届	2008	福建师范大学	教学改革与学校创新
第十二届	2010	南京师范大学	中国本土教学思想与当代教育改革
第十三届	2012	东北师范大学	教学质量提升问题
第十四届	2015	河南大学	数字化时代的教学理论与实践
第十五届	2017	陕西师范大学	学生发展与教学改进
第十六届	2019	山西大学	学校教学的时代变革及其理论应答

学术争鸣是实现学科发展和理论繁荣的重要条件，可以让人们开阔视野，活跃思维，在切磋、商讨与质疑中明晰思路，探寻真知，达成共识。学术会议是学术争鸣的重要园地。评价学术会议召开成功与否的重要标志，关键是看各种有价值的观点是否都得到了展示和交流，是否有充分、深入的学术争鸣。全国教学论学术委员会成立后，教学理论界很快就掀起了一股学术争鸣的热潮，就教学论学科发展中的基本理论问题展开了深入持久的讨论。这些问题包括现代教学论与传统教学论的区分、教学论的学科性质与学科基础、教学理论与教学实践的关系、课程论与教学论的关系、教师与学生的关系、教学过程的本质等。其中，教学理论与教学实践的关系问题一度成为历届教学论学术讨论会上激烈争辩的主要话题。1989年11月在桂林召开的第三届学术年会、1991年10月在天津召开的第四届年会和1994年5月在重庆召开的第五届年会，均将教学理论与教学实践的关系列为重要的议题[①]。在这些会议上，教学论学者积极参与讨论，真诚地发表自己的见解和观点，针对教学理论的结构和层次、教学理论

---

① 王永红、黄甫全：《课程现代化：跨世纪的思考——首届全国课程学术研讨会述评》，《课程·教材·教法》1998年第2期。

与教学实践"两张皮"现象、教学理论向教学实践的转化等问题进行了激烈的辩论,丰富了对教学理论与教学实践关系的理性认识,拓展了教学论学科的理论研究。可以说,学术争鸣的兴起是我国课程与教学论学术交流走向繁荣的重要标志,也为课程与教学论学科发展注入了一股强大的动力。

三 学术交流的扩大

20世纪90年代,课程成为一个迅速兴起的研究领域,课程论研究成果不断涌现,专业队伍也逐渐形成。1997年3月,中国教育学会教育学分会批准成立全国课程学术委员会,课程与教学论学术交流由此开始进入一个新时期。

(一)专业学会逐渐壮大

1997年11月13—18日,首届全国课程学术研讨会在广州召开。这次会议由全国课程专业委员会、教育部课程教材研究所和广东省教育厅教学研究室联合主办,华南师范大学教育系承办。来自全国高校和科研单位的近百位课程理论工作者和实践工作者参加了这次会议。与会代表围绕"课程现代化"这一主题,通过大会主题报告、分组讨论、自由论坛以及个别切磋等形式,就"课程现代化的实质""课程理论与课程实践的关系""课程编制与课程评价""义务教育课程教材和普通高中课程教材""综合课程的理论与实践""活动课程的理论与实践""课程论的学科建设"以及其他重要问题进行了多层次、多方面的充分交流和深入讨论。本次会议是全国课程专业委员会成立后的第一次大型学术研讨会,提出了课程论学科发展面临的一系列问题和需要解决的理论问题和实践问题,对于凝聚全国课程理论研究者,推进课程领域的学术交流和引领基础教育课程改革发挥了重要作用。

此后至2004年,在教育部课程教材研究所的推动下,全国课程学术委员会与广西师范大学、东北师范大学和云南师范大学合作,先后举办了三届大型学术年会(见表6-3),其间还举办了多次小型研讨会。这一时期,全国课程学术委员会也开始注重加强组织建设，完善运行机制。其主要组织结构包括理事长、副理事长、秘书长以及常务理事等，理事单位和会员（理事）数量快速扩充。在新一轮基础教育课程改革酝酿、启动和推行过程中，全国课程学术委员会与全国教学论学术委员会密切参与，协同并进，积极主办多种研讨会，学术影响随之扩大。与此同时，经中国教育学会批准，全国高师院校课程与教学论学科方向（化学、生物、数学、地理等）的专业学会也陆续成立。这些专业委员会同高等院校和科研机构合作，紧密联系学科课程与教学论研究者，定期组织召开大型学术年会和小型学术研讨会，就学科课程与教学理论和实践问题展开研讨，为学科课程与教学论领域的学术交流搭建重要平台。

表6-3　　第一届至第十一届全国课程学术研讨会召开情况

届次	召开时间（年）	承办单位	会议主题
第一届	1997	华南师范大学	课程理论与课程改革
第二届	1999	广西师范大学	21世纪中国课程研究和改革发展
第三届	2001	东北师范大学	我国新一轮基础教育课程改革的理论与实践
第四届	2004	云南师范大学	基础教育课程改革的反思和评价
第五届	2006	新疆师范大学	课程理论发展与实践进展
第六届	2008	聊城大学	课程理论与实践创新
第七届	2010	华中师范大学	新世纪课程改革十年——趋向与愿景
第八届	2012	福建师范大学	未来十年课程改革的发展之路
第九届	2014	上海师范大学	课程改革在路上——向着《国家中长期教育改革与发展规划刚要》迈进
第十届	2017	广州大学	核心素养与中小学课程教学改革
第十一届	2019	河南大学	未来课程变革的挑战与方向

（二）交流空间不断拓展

世纪之交，我国课程与教学论学术交流开始超越大陆本土视野。1999年，人民教育出版社、台北教育大学与香港中文大学等多家单位联合发起"两岸三地课程理论研讨会"。该研讨会每年召开一次，由各地高校轮流举办，对促进中国大陆与港台之间课程与教学论领域的交往发挥了不可替代的作用。2003年10月，华东师范大学课程与教学研究所与国际课程研究促进协会（International Association for Advancement of Curriculum Studies，简称 IAACS）合作，在上海承办了第一次世界课程大会，来自20多个国家和地区的80多位课程专家以及200多名国内代表参加。本次大会是国内高校承办的第一次大型国际课程学术会议。此后，国内学科课程与教学论领域的研究者也开始重视与港澳台等地高校的联系和交往，拓展学术交流的空间。例如，全国高师数学教育研究会于2004年10月在澳门召开了数学课程与教学学术研讨会。可以说，这一时期国内课程与教学论界与国外及中国港澳台学术机构联合举办国际会议，为我国课程与教学论学术交流拓展了更广阔的空间。

表6–4　　　　　历届"两岸三地课程理论研讨会"举办情况

届次	召开时间（年）	承办单位	会议主题
第一届	1999	深圳大学	世纪之交的课程改革
第二届	2000	香港中文大学	课程改革与课程理论研究
第三届	2001	台北师范学院	学校本位课程发展
第四届	2002	香港中文大学	课程统整的理论与实践
第五届	2003	西北师范大学	课程领导与课程评价的理论与实施
第六届	2004	台北师范学院	课程改革的再概念化
第七届	2005	香港中文大学	课程发展、教师专业发展与学校更新
第八届	2006	浙江大学	课程实施

续表

届次	召开时间（年）	承办单位	会议主题
第九届	2007	台北教育大学	课程理论与课程改革
第十届	2008	香港中文大学	课程决定
第十一届	2009	西南大学	课程与教学的关系
第十二届	2010	华东师范大学	中国传统文化、复杂理论与课程改革
第十三届	2011	香港中文大学	课程与教学的探究基础：为何与何为
第十四届	2012	华南师范大学	课程实施与教师专业发展
第十五届	2013	台北教育大学	文化变革与课程改革
第十六届	2014	东北师范大学	课程改革持续的动力
第十七届	2015	香港中文大学	课程改革与评价
第十八届	2016	云南师范大学	基础教育课程适应性研究

（三）学术议题日渐丰富

20世纪90年代中期以后，伴随着国内外学术交流的不断加强，社会学、民族学、人类学、民俗学、文化学、伦理学、生态学、语言学、信息科学等学科引入教学论领域，研究视野不断拓展，出现了一些新的教学论范畴。同时，我国课程论学科兴起后，迅速成为与教学论并行的研究领域，研究主题不断扩展，研究内容不断丰富和深化，广大研究者就课程本质、课程论的理论基础、课程论与教学论的关系、课程论学科建设等问题进行了深入讨论和交流，进行大量的思考和研究，产生了一系列学术成果，对推进新课程改革的深化发挥了重要作用。

四　学术交流的繁荣

当前，随着新课程改革的推进，越来越多研究者参与课程与教学理论研究，课程与教学论学科的社会影响力大幅提升，学术交流持续走向繁荣。

（一）国际交流日益密切

国际交流是学术活动国际化和拓展学会活动的重要方式。近年来，华东师范大学和北京师范大学等重点高师院校凭借自身学科优势和雄厚的实力，加强与国外的交流与合作，在国际学术会议的承办中发挥了中流砥柱的作用。同时，人民教育出版社、中国教育科学研究院等机构和一批省属高师院校也开始积极承办相关国际会议，推动了课程与教学论学术的国际交流。有些国际学术会议目前已经建立了稳定的会议机制。如创办于2003年的"上海国际课程论坛"，每年在上海举办一届，迄今已连续举办了十六届，对加强中西方课程领域的交流产生了持久影响。

除承办国际会议外，国内课程与教学论界日益注重与国外高校和研究机构建立合作关系，邀请国际知名课程学者前来讲授短期课程或开设专题讲座。近年来美国的小威廉姆·E. 多尔、威廉·派纳、坦纳，加拿大的马克斯·范梅南、英国的迈克尔·W. 阿普尔、日本的佐藤学等人就曾多次受邀，做客国内多所高校，开展专题讲座，介绍国外课程与教学论领域最新学术思想和研究成果。与此同时，我国一批课程与教学论学者也频频走出国门，他们或受邀参加学术会议，或到境外知名大学进行访学、交流，传播中国课程与教学论学术成果，推进了中西方课程与教学论学术的双向交流。

表6-5　2005—2008年国内高校举办的国际性课程与教学论学术会议一览

时间（年）	举办单位	会议主题
2005	华东师范大学	课程领导与学校管理创新国际研讨会
2006	华东师范大学	上海国际课程论坛（连续承办了14届）

续表

时间(年)	举办单位	会议主题
2006	北京师范大学	东亚教师教育国际研讨会(连续举办12届)
2007	华东师范大学	首届教学改革国际研讨会
2008	北京师范大学	课程与教学国际学术论坛首届研讨会
2009	北京师范大学	第二届中欧基础教育课程发展论坛
2009	华东师范大学	课程评价改革国际研讨会
2009	首都师范大学	课程与教学研究的实践取向国际学术研讨会
2010	华东师范大学	"中国传统文化、复杂理论与课程改革"国际研讨会
2011	杭州师范大学	第一届课程教学改革与教师发展国际研讨会
2012	广西师范大学	第三届中欧基础教育课程发展论坛
2012	北京师范大学	普通高中课程与培养模式多样化国际研讨会
2013	杭州师范大学	第二届课程教学改革与教师发展国际研讨会
2014	北京师范大学	第三届教育监测与评估国际研讨会
2015	天津师范大学	第12届高等教育改革国际研讨会
2016	北京师范大学	第16届世界比较教育大会
2017	华东师范大学	教育研究:目标、对象、方法及特殊性
2017	北京师范大学	教师教育国际研讨会
2018	北京师范大学	世界课例大会

（二）学术交流主体多元

课程与教学论学术交流走向繁荣还体现在参与主体的不断扩充与丰富。

首先，研究生群体逐渐成为学术活动中的一股重要力量。2007年8月，西北师范大学承办了"全国首届课程与教学论博士生论坛"，在读博士生成为论坛的主角。其后，西南大学、南京师范大学、东北师范大学、山东师范大学、福建师范大学、北京师范大学等高校也陆续承办了这一论坛。博士生论坛的举办开创了学术会议的新形式，为课程与教学论专业研究生参与学术交流开辟了新的渠道，加快课程与教学论学科后备人才的培养。其次，广大一线教师开始成为各类学术论坛的重要参与者。需要指出，伴随着基础教育课程改革的全面深化，教育行政部门、高师院校和中小学之间的合作日趋紧密，学术会议开始走出"象牙塔"，走进中小学现场。特别是由一些基础教育名校牵头成立的"全国名校课程改革联盟""中国名校课改联盟""全国课改百校教育联盟"等联盟组织，通过举办各种形式的课程与教学研讨会，组织开展教学观摩和经验交流，为中小学教师了解课程改革的最新动态、分享教改成果和参与学术交流提供了便捷的途径，也在一定程度上冲击了我国课程与教学论领域的理论话语体系，促进了研究范式的多元化。

表6-6　　全国教学论学术委员会举办的小型研讨会（2000—2018）

召开时间(年)	承办单位	会议主题
2000	华东师范大学	现代教学论的发展
2001	湖南师范大学	全球化与中国教学论发展的走向、现代教学论发展的理论基础问题、课程改革的理论与实践问题
2004	北京师范大学	对我国教学论的反思、对基础教育课程和教学改革的反思、我国课程和教学理论的发展策略
2004	沈阳师范大学	走向生活世界的课堂教学
2005	河南大学	全国主体教育理论第二届专题学术研讨会
2006	福建师范大学	教学与学生发展——基本理论与实践变革
2007	西北师范大学	当代教学论的理论基础与时代课题
2007	山东师范大学	全国首届教学文化研讨会

续表

召开时间(年)	承办单位	会议主题
2007	西北师范大学	当代教学论的理论基础与时代课题
2007	哈尔滨师范大学	课程与教学论博士点建设和博士生
2008	南京师范大学	基础教育课程与教学变革中实践问题的理论研究
2008	上海师范大学	教学论研究30年:回顾、反思与前瞻
2009	杭州师范大学	教学论学科发展面临的严峻挑战及方法论思考
2009	浙江师范大学	教学论学科发展的理论视野
2010	河南大学	教学论的实践指南
2010	辽宁师范大学	核心素养培育与教学变革:机遇与挑战
2011	北京师范大学	全国教学论专业委员会中小学国学经典教育课程与教学专题研讨会
2011	山东师范大学 青岛大学	课程与教学论研究的责任与使命
2011	湛江师范学院	新世纪基础教育课程与教学改革的回顾与展望
2012	安徽师范大学	适合学生的教学
2012	西北师范大学	李秉德诞辰一百周年纪念暨教学论学术研讨会
2013	山东师范大学	全国课程与教学论博士点协作研讨会
2013	扬州大学	教学哲学的发展现状与问题审视
2012	南京师范大学	教学研究的发展空间
2014	贵州师范大学	新媒体时代的课堂教学变革
2015	山东师范大学	教学论的过去、现在与未来

续表

召开时间(年)	承办单位	会议主题
2016	辽宁师范大学	核心素养培育与教学变革：机遇与挑战
2017	海南师范大学	全球共同利益理念下基础教育课程与教学改革
2018	西北师范大学	"互联网+"背景下课程与教学论建构

五　学术交流的反思

近年来，我国学术交流方式日趋多样，学术活动愈加频繁，对促进课程与教学论思想传播、学科发展和实践进步做出了重要贡献。但同我国课程与教学论学科发展还存在许多我们必须直面的问题一样，课程与教学论学术交流也同样存在着若干必须加以反思的问题。

（一）学术交流存在的问题

1. 功利倾向突出

学术交流的主要功能是通过信息的交换和观念的碰撞，实现知识的传播和思想的交锋，促进学术的进步和创新。当前，课程与教学论学术交流存在着明显的功利倾向：一是会议举办的"实用主义"目的。毋庸讳言，在当前纷繁众多、层次各异的学术会议中，有的主要是以提高知名度、塑造外在形象为目的，有些则仅仅是为了应付或完成某些评价指标而举办，还有的则是出于难以言表的经济利益考量……凡此种种，势必会影响课程与教学论学术的健康发展。二是与会者的非学术动机。对学者而言，学术会场既是学术交流的场所，也是同行之间人际交往、情感联络的重要平台。通过参加学术活动加强与同行之间的人际沟通和情感联系，这无可厚非。审视当下学术会场，与会者实际上持有形形色色的参会动机：有些人往往基于人情交往的考虑，对会议的内容和主题并不关心；有的是为了在学术圈"混个脸熟"，拓展自己的人脉；还有的打着参加会议的幌子，实则游离于会场之外，与真正的学术交流不甚相关。今天，我们当然不能完全排斥和消除学术交流背后的功利倾向，因为没有一定的利益驱动，任何学术活动都是难以为继的。但倘若把追求名誉、权力和具体利益作为开展学术交流的主要目的，就必然会背离、干扰课程与教学论学术的发展方向，妨碍课程与教学论学术的进步。[1]

2. 形式主义严重

学术会议是内容和形式的统一。会议讲求一定的形式是必要的，合理的会议形式有利于提高学术会议的质量，但过于注重形式则势必会导致学术交流的形式主义。我国课程与教学论学术交流中形式主义倾向主要表现为：一是贪图虚名，不求实效。譬如：会议举办者过于注重办会地点、场所以及会场布置，但对会议主题、内容的考虑显得草率；过分要求会议流程的完整性和程序的完善化，而对会议的实际效果不甚关心；片面追求"高层次""高档次"，动辄冠以"国际会议""高端论坛"，实际却名不副实。二是仪式化现象明显。学术会议的召开要遵循一定程序，包括必要的仪式。仪式本身具有一定的积极意义，它通过"一种象征性的和富于表现性的行动，一种制度化的创造特殊时空的手段"，让与会者体验到群体的归属感，激发共同的情感。然而，当下有些学术会议过于重视仪式的展演，如会场主席台的布置，重要人物的出场与介绍，各方代表的致辞、答谢等都常常形成了固定模式；会议的展开常常是沿循"大会报告—分组讨论—自由发言—大会总结"单一程式，形成了一个固定的会议"八股"；会议的主持和问答环节也经常"行礼如仪"，看不到真正的知识碰撞和思想交锋。应该说，学术会议中的形式主义倾向严重影响了学术交流的效果，降低了学术会议的品质，不利于课程与教学论学术人才的成长和学科知识的创新。

3. 交流效果欠佳

学术的生命在于交流。研究者参与学术会议意味着要积极展示新的研究成果，呈现自己的学术思想，并乐于接受同行的质疑与批评。没有新的学术

---

[1] 徐继存：《教育学术的尊严》，《西北师大学报》（社会科学版）2010 年第 5 期。

成果，缺乏充分、有效的学术对话和严肃认真的学术批评，就不可能有高质量的学术交流。我国课程与教学论领域的学术交流效果不佳，具体表现在三个方面：第一，论文质量不高。学术会议经由展示具有知识增量意义的学术论文，而在推动学术发展方面发挥重要作用。虽然多数课程与教学论学术会议都规定与会者需围绕会议主题提交会议论文，但由于没有严格明确的遴选标准，导致不少入选论文质量平庸、缺乏创新，甚至不乏粗制滥造之作。可以想象，低品质的会议论文不可能带来高质量的学术报告和学术交流。第二，学术对话不足。对话是实现观点澄明、思想交流和达成共识的过程，"真理在对话中产生"。真正的学术会议并不是单一话语的发布或宣讲，而应该是多元话语的展现与交锋。"学术对话的基本价值乃在于参与者至少能够对所讨论的问题有更清晰的认识，可以让讨论者把观点阐释得更清楚，而且使得讨论者能意识到各自视角的限度。"[1] 当前一些学术会议在议程安排上侧重大会主题汇报，而忽视分组讨论和交流，即便分组讨论，一些报告者也只是限于陈述个人观点，"各吹各的号，各唱各的调"，很少就某一问题展开深入探讨和争辩。第三，学术批评乏力。学术批评是学术交流的重要方式，是促进学术思想不断发展的动力，公开坦诚、合理有据的批评是高品质学术会议不可缺少的要素。遗憾的是，目前课程与教学论会议上普遍缺少学术批评的风气，"有会无议，有议无争"的现象比较普遍，"在本应该观点对立、激烈争鸣的问题上，却保持一团和气"[2]。事实上，不仅在课程与教学论领域，甚至在整个中国社会科学领域，学术批评的风气都是不受激励的。我们大多数人文学科领域的研究者也都缺乏学术批评的意识，不愿意通过公开渠道开展正常的学术辩论，不习惯对同行学者看似明显不合理的观点进行针对性的批驳，当然由于受传统伦理观念的影响，更没有足够的勇气与学术长辈开展严肃的学术论争。学术争鸣与学术批评匮乏的问题既关涉传统的文化心理，也是我国当前不良学术生态的真实写照，这表明我们人文学科领域还远远没有形成一种民

---

[1] 邓正来：《学术讨论为什么缺位》，《东方早报》2005年1月28日第2版。
[2] 杨玉圣、张保生主编：《学术规范读本》，河南大学出版社2004年版，第762页。

主、开放和自由的学术环境。

(二) 学术交流的优化

我们认为，以上问题不仅是那些行政主机构或主管学术组织的行政机构所必须直面的问题，也是实际掌控课程与教学论专业学会的学术组织者所必须直面的问题，更是课程与教学论学术领域的研究者所必须直面的一个问题，因为这些问题的解决与否直接关涉课程与教学论学术交流能否获得健康发展。

1. 加强专业学会治理，提升办会质量

政府相关职能部门首先应该明确自身定位，积极履行自身管理职能，加强对学术社团的宏观指导、政策支持和信息服务，充分发挥教育学术社团的功能和作用。这既是深化我国行政体制改革、进一步转变政府职能的重要内容，也符合国际社会管理体制和行政运行机制改革的发展趋势[①]。必须明确，开展学术活动，组织学术交流，引领学术发展，是专业学会的中心工作。学术管理不同于一般的行政管理。相关管理部门在制定学会管理制度和履行管理职能的过程中，应该突出学术活动这个重点，所制定的政策、采取的措施应该有利于营造积极的学术氛围、搭建良好的交流平台和提升学术交流的质量。

全国课程与教学论专业学会承担着主办学术会议的重要职能，在学术交流和学术传统建构方面发挥重大作用，因此应该强化自身责任感，不断加强组织建设，优化内部治理结构。一方面，要根据有关法规政策，修订和完善学会章程，明晰学会的宗旨、目标、功能、组织架构和运行规则；另一方面，要制定和完善相应的规章制度，针对专业学会开放性、学术性的特点，明确办会目标，改进办会作风，纯正办会动机，避免功利化倾向，警惕消除行政化和官本位思维的侵扰。总之，专业学会只有通过加强自身的治理，不断提升服务职能，才能更好地凝聚学术资源和学术队伍，为课程与教学论学科发展创造良好的学术平台。

面对课程与教学论学术会议所存在的种种问题，各级主管机构和学会自身近年来都从不同角度出发做出了许多颇具助益的改革尝试。更为重要的是，

---

① 钟秉林：《教育学术社团要重视提升专业能力》，《中国教育学刊》2016年第1期。

专业学会自身也在不断思考和试图改进和优化会议形式，主要负责人几乎每年都会聚首，就专业学会发展战略问题进行认真的研讨，而且也在议题设定、论文收录、日程设置等方面做出调整。然而，这些改革努力似乎并没有从根本上改变课程与教学论学术会议在当下所具有的品质。从课程与教学论学科发展的情形来看，根本的问题乃在于整个学术界还没有充分意识到学术会议以及经此展开的学术交流本身所具有的价值。由于没有充分意识到学术会议之于学术交流的价值，大多数学术会议也就丧失了一种缺乏学术论题观照下的学术前沿意识。我们知道，学术的传承和研究的突破凭借的基本上是对某一论题的持续思考和推进。如果在举办学术会议时，有着很强的学术论题观照下的问题意识和前言意识，那么我们就能依据某一具有理论意义的论题来组织高质量的学术讨论。

2. 创新学术交流模式，提高交流质量

大型学术年会具有自身独特的优势，在汇聚学术队伍、凝聚学术资源和引领学科发展方面发挥着不可替代的功能。作为本专业学术交流活动的最重要组织者，全国课程学术委员会和全国教学论学术委员会应该借鉴大型会议举办的优秀经验，进一步优化和完善学术年会制度，创新大会交流形式，不断提升会议的吸引力和凝聚力，提高大型会议的举办质量。不可否认，大型学术会议也有其明显的缺陷，不利于交流的深入展开。小型化、精致化的学术研讨会有助于聚焦问题，全员互动，提高效率，增进深度交流，因而应该是今后课程与教学论学术活动发展的重要方向。近年来，华东师范大学课程与教学研究所承办的"上海课程圆桌论坛"就具有一定代表性。该论坛秉承小型高端的理念，精选相关领域学者参加，严格控制会议规模，"闭门"研讨，成效显著，值得学习和借鉴。

当今信息技术飞速发展和快速普及，"互联网+"时代已经到来，信息传播的途径和信息交流的方式正在发生革命性变化，互联网成为人们快速获取、发布和传递信息的重要渠道，学术交流的模式和机制正在发生转变。全国课程与教学论专业学会也应积极充分利用现代信息网络技术，尽快建立和完善学术交流网站，打造在线学术交流展示平台，实现会议通知、信息交流、成果展示、联络沟通的网络化和即时化,提升学术信息传播的速度和效率,同时借助各种即时网络通信工具和传播手段,建立线上线下交流相结合的学术会议模式,不断丰富和创新交流方式,探索网络传播模式,推动传播方式和机制的创新,满足个性化学术交流的需求。

3. 强化责任伦理,优化学术环境

面对学术会议存在的种种问题,目前课程与教学论专业学会自身也在不断推进改革,试图改进会议形式,在议题设定、论文收录、议程设置等方面做出调整。必须承认,这些改革努力对提升一些学术会议的质量有一定贡献,但很难从根本上改变当下课程与教学论学术交流的基本品质。

我们认为,制约课程与教学论学术交流品质提升的首要认识论问题,乃在于大多数研究还没有充分意识到学术会议以及经此展开的学术交流对课程与教学论学科发展所具有的知识意义。"由于没有充分意识到学术会议之于学术交流的价值,我们常常把学术会议变成了没有问题意识、没有学术前沿知识的普通聚会。在这样的聚会中,学术同行之间并没有真正的学术对话和学术批评。"[①] 在参与学术会议的过程中,我们每一位当事者都应该增强明确的问题意识,认真研究学术会议的议题,负责任地撰写具有知识增量意义的学术论文;同时,这需要我们学术同行之间建立起一种新型的学术关系,而不是往常那种基于人情交往抑或旨在利益交换的人际关系。正是透过新型学术关系的建立,才能建构起对推进课程与教学论学科发展具有积极意义的学术交流网络,才有可能在学术会议上开展真正意义上的知识交流和对话,开展平等、严肃、真诚的学术对话与学术批评。

学术的发展不能完全指靠行政的管理与外部规范,更需依仗学术界的自我治理。倘若想提升课程与教学论学科的尊严,改善当下不良的学术生态,就需要课程与教学论研究者共同努力,不断强化学术自律,纯正学术动机,恪守学术伦理,严守学术规范。在我们看来,课程与教学论学者的自省、自觉和自立乃是课程与教学论学术治理的必由之路。

---

① 邓正来:《学术自主性与中国法学研究》,《社会科学战线》2007 年第 4 期。

主要参考文献

著作类

［苏］凯洛夫：《教育学》（上），沈颖、南致善等译，人民教育出版社1950年版。

［苏］赞科夫编：《教学与发展》，杜殿坤等译，人民教育出版社1985年版。

［苏］苏霍姆林斯基：《帕夫雷什中学》，赵玮等译，教育科学出版社1983年版。

［美］布鲁纳：《布鲁纳教育论著选》，邵瑞珍等译，人民教育出版社1989年版。

［美］简·杜威：《杜威教育论著选》，赵祥麟等编译，华东师范大学出版社1981年版。

［美］简·杜威：《杜威传》，单中惠译，安徽教育出版社1987年版。

［苏］斯卡特金：《中学教学论——当代教学论的几个问题》，赵维贤等译，人民教育出版社1985年版。

［英］迈克尔·马尔凯：《科学与知识社会学》，林聚任等译，东方出版社2001年版。

［美］彼得·圣吉：《第五项修炼——学习型组织的艺术与实务》，郭进隆译，上海三联书店1997年版。

［加］马克斯·范梅南：《生活体验研究——人文科学视野中的教育学》，宋广文等译，教育科学出版社2001年版。

［日］佐藤学：《学校的挑战——创建学习共同体》，钟启泉译，华东师范大学出版社2010年版。

［英］W. C. 丹皮尔：《科学史及其与哲学和宗教的关系》，李珩译，商务印书馆1975年版。

［德］胡塞尔：《欧洲科学危机和超验现象学》，张庆熊译，上海译文出版社1988年版。

［美］C. 赖特·米尔斯：《社会学的想象力》，陈强、张永强译，生活·读书·新知三联书店2005年版。

［英］约翰·科廷汉：《生活有意义吗》，王楠译，广西师范大学出版社2007年版。

尤西林：《人文科学导论》，高等教育出版社2002年版。

龚其昌：《中学普通教学法》，福建教育出版社2011年版。

萧承慎：《教学法三讲》，福建教育出版社2009年版。

俞子夷、朱翠盷编：《新小学教材和教学法》，福建教育出版社2006年版。

董远骞：《中国教学论史》，人民教育出版社1998年版。

董远骞：《俞子夷教育思想研究》，辽宁教育出版社1993年版。

黄济等：《中国教育传统与教育现代化基本问题研究》，北京师范大学出版社2003年版。

吴杰编著：《教学论——教学理论的历史发展》，吉林教育出版社1986年版。

吴文侃主编：《当代国外教学论流派》，福建教育出版社1990年版。

吴文侃主编：《比较教学论》，人民教育出版社1996年版。

王策三：《教学论稿》，人民教育出版社1985年版。

王策三：《恢复全面发展教育权威》，人民教育出版社2018年版。

王策三：《教育论集》，人民教育出版社2002年版。

潘懋元主编：《高等教育学》，人民教育出版社1984年版。

熊明安主编：《中国现代教学改革史》，重庆出版社 1999 年版。

滕大春主编：《外国教育通史》，山东教育出版社 1994 年版。

陈侠：《课程论》，人民教育出版社 1989 年版。

李秉德：《李秉德文集》，教育学科学出版社 2005 年版。

李秉德主编：《教学论》，人民教育出版社 1991 年版。

唐文中主编：《教学论》，黑龙江教育出版社 1990 年版。

游正伦编著：《教学论》，教育科学出版社 1981 年版。

郑其龙：《论教学规律》，湖南人民出版社 1981 年版。

胡克英：《教学论研究》，教育科学出版社 1982 年版。

董远骞、张定璋、裴文敏：《教学论》，浙江教育出版社 1984 年版。

董远骞：《教学原理和方法》，人民教育出版社 1985 年版。

罗明基主编：《教学论教程》，黑龙江人民出版社 1987 年版。

关甦霞编著：《教学论教程》，陕西师范大学出版社 1987 年版。

路冠英、韩金生：《教学论》，河北教育出版社 1987 年版。

刘克兰编著：《教学论》，西南师范大学出版社 1988 年版。

何志汉：《教学论稿》，西南师范大学出版社 1988 年版。

瞿葆奎主编：《教育学文集·教学》（上、中），人民教育出版社 1988 年版。

廖哲勋：《课程学》，华中师范大学出版社 1991 年版。

吴也显主编：《教学论新编》，教育科学出版社 1991 年版。

田本娜主编：《外国教学思想史》，人民教育出版社 1994 年版。

李定仁主编：《教学思想发展史略：历史、现状与发展趋势》，青海人民出版社 1993 年版。

李定仁、徐继存主编：《教学论研究二十年》，人民教育出版社 2001 年版。

钟启泉、黄志成等主编：《美国教学论流派》，陕西人民教育出版社 1993 年版。

钟启泉：《现代课程论》，上海教育出版社 1989 年版。

吕达：《中国近代课程史论》，人民教育出版社 1994 年版。

施良方、崔允漷主编：《教学理论》，华东师范大学出版社 1999 年版。

施良方：《课程理论——课程的基础、原理与问题》，教育科学出版社 1996 年版。

陆有铨：《躁动的百年》，山东教育出版社 1997 年版。

陈桂生：《中国教育学问题》，福建教育出版社 2006 年版。

陈桂生：《"教育学视界"辨析》，华东师范大学出版社 1997 年版。

杨启亮：《困惑与抉择——20 世纪的新教学论》，山东教育出版社 1995 年版。

张武升主编：《教学论问题争鸣研究》，南开大学出版社 1994 年版。

郭戈：《李廉方教育思想研究》，教育科学出版社 1995 年版。

郭戈编：《李廉方教育文存》，人民教育出版社 2006 年版。

石鸥：《教学别论》，湖南教育出版社 1998 年版。

田慧生、曾天山：《中小学课程教材改革与实验》，四川教育出版社 1997 年版。

田慧生、李如密：《教学论》，河北教育出版社 1996 年版。

靳玉乐、李森主编：《学术与人生——张敷荣教育学术思想研究》，西南师范大学出版社 2004 年版。

靳玉乐、刘茜、金玉梅编著：《张敷荣画传》，西南师范大学出版社 2013 年版。

靳玉乐等：《中国新时期教学论的进展》，重庆出版社 2001 年版。

靳玉乐：《现代课程论》，西南师范大学出版社 1995 年版。

黄甫全、王本陆主编：《现代教学论学程》，教育科学出版社 2002 年版。

吴永军：《课程社会学》，南京师范大学出版社 1999 年版。

徐继存：《教学理论反思与建设》，甘肃教育出版社 2000 年版。

徐继存：《教学论导论》，甘肃教育出版社 2001 年版。

郝志军：《教学理论的实践品格》，教育科学出版社 2008 年版。

郑金洲、瞿葆奎：《中国教育学百年》，教育科学出版社 2002 年版。

张世英:《进入澄明之境》,商务印书馆 1999 年版。

《中国科学研究与技术开发机构要览》编辑委员会:《中国科学研究与技术开发机构要览》(第一卷),科学技术文献出版社 1987 年版。

袁运开、王铁仙主编:《华东师范大学校史(1951—2001)》,华东师范大学出版社 2001 年版。

李乾明:《近代教学论学术思想的中国气派研究》,中国社会科学出版社 2014 年版。

侯怀银:《中国教育学之路》,安徽教育出版社 2009 年版。

张振江主编:《薪火集:河南大学学人传》(上册),河南大学出版社 2002 年版。

《中国社会科学家辞典》编委会编:《中国社会科学家辞典》(现代卷),甘肃人民出版社 1986 年版。

《中国普通高等学校教授人名录》编写组编:《中国普通高等学校教授人名录》,高等教育出版社 1988 年版。

张汉静主编:《山西大学工会史》,山西人民出版社 2013 年版。

郑小明、郑造桓主编:《杭州大学教授志》,杭州大学出版社 1997 年版。

方晓东等:《董纯才传》,教育科学出版社 2012 年版。

高国强、蔡贵方主编:《吴文化名人谱:无锡编》,黑龙江人民出版社 2003 年版。

单中惠:《现代教育的探索——杜威与实用主义教育思想》,人民教育出版社 2002 年版。

车文博:《教学原则概论》,湖北人民出版社 1980 年版。

期刊类

胡克英:《教学论若干问题浅议》,《教育研究》1979 年第 3 期。

张定璋:《教学论问题片断》,《教育研究》1979 年第 3 期。

张定璋:《国外教学论若干问题简介》,《教育研究丛刊》1980 年第 2 期。

吴文侃:《当前苏联对教学过程、原则和方法的研究》,《外国教育动态》

1980 年第 2 期。

罗明基：《传授知识与发展智力统一实现的规律》，《辽宁师范学院学报》1980 年第 5 期。

戴伯韬：《论研究学校课程的重要性》，《课程·教材·教法》1981 年第 1 期。

叶立群：《中小学课程设计中的三个问题》，《课程·教材·教法》1981 年第 2 期。

陈侠：《课程研究引论》，《课程·教材·教法》1981 年第 3 期。

连健生：《鞠躬尽瘁，死而后已——悼念著名教育家戴伯韬同志》，《人民教育》1981 年第 5 期。

罗正华、郭文安：《全国教育研究会第二届年会关于教学论问题的讨论情况》，《教育研究》1981 年第 6 期。

邹有华：《教学认识论》，《课程·教材·教法》1982 年第 1 期。

鲍兆宁：《发现法探究》，《山东师大学报》（哲学社会科学版）1982 年第 2 期。

何志汉：《西方课程的发展和当前的改革》，《西南师范大学学报（人文社会科学版）》1982 年第 3 期。

李隆庚：《著名教育家戴伯韬》，《文献》1982 年第 6 期。

花永泰：《教学本质刍议》，《教育研究》1982 年第 6 期。

董纯才：《正确处理教和学的关系》，《华东师范大学学报》（教育科学版）1983 年第 2 期。

吕方：《关于教学改革的实验和研究》，《西北师大学报》（社会科学版）1983 年第 3 期。

田本娜：《斯宾塞教学论述评》，《课程·教材·教法》1983 年第 5 期。

江山野：《论教学过程和教学方式（上）》，《教育研究》1983 年第 9 期。

江山野：《论教学过程和教学方式（下）》，《教育研究》1983 年第 10 期。

史国雅：《课程论的研究范围及指导原则》，《山西教育科研通讯》1984 年第 2 期。

关甦霞：《课堂提问的艺术》，《青海教育》1984 年第 5 期。

廖哲勋：《美国课程理论的主要流派》，《课程·教材·教法》1984 年第 6 期。

吴也显、刁培萼：《当代学校课程发展的趋势》，《课程·教材·教法》1985 年第 2 期。

吴杰、乔晓东：《课程的历史发展所揭示的问题》，《课程·教材·教法》1985 年第 2 期。

陈侠：《制约学校课程的各种因素》，《课程·教材·教法》1985 年第 3、4 期。

赵天岗：《简论巴班斯基的教学论思想》，《河南大学学报》（哲学社会科学版）1985 年第 3 期。

徐勋：《关于教学论的研究对象、任务和方法之我见》，《教育研究》1986 年第 3 期。

胡德海：《从国外中学课程谈我国初中课程的拟定》，《课程·教材·教法》1986 年第 10 期。

李慰昌：《现代教学论逻辑起点初探》，《西南师范大学学报》（人文社会科学版）1987 年第 1 期。

何志汉：《传统教学论与现代教学论管窥》，《西南师范大学学报》（人文社会科学版）1987 年第 1 期。

罗明基：《试论传统教学论与现代教学论》，《教育科学研究》1987 年第 1 期。

陈侠：《课程论的学科位置和它同教学论的关系》，《课程·教材·教法》1987 年第 3 期。

田本娜：《近现代教学论发展简述——兼谈我国教学论的发展》，《天津师范大学学报》（社会科学版）1987 年第 5 期。

商继宗：《国外中小学教学方法的比较研究》，《教育研究》1987 年第 6 期。

钟启泉：《科技革命与课程现代化改革》，《外国教育资料》1987 年第 6 期。

田慧生：《当今课程理论研究的新课题（上）——潜在课程研究评价》，《课程·教材·教法》1988 年第 2 期。

盛群力：《关于教学论研究对象的探讨》，《教育评论》1988 年第 3 期。

方展画：《当代中国教学观的嬗变：三种趋势》，《教育理论与实践》1989 年第 5 期。

杨爱程：《当代教学论发展的特点和规律》，《西北师大学报》（社会科学版）1989 年第 6 期。

叶立群：《课程改革的困惑和思考》，《课程·教材·教法》1989 年第 7、8、9 期。

唐文中、赵鹤龄：《论教学系统的特征》，《课程·教材·教法》1989 年第 11 期。

高振业：《建国 40 年来中学课程改革的回顾》，《云南教育学院学报》1990 年第 1 期。

裴文敏、卢真金：《试论教师的教学个性化》，《教育研究与实验》1990 年第 2 期。

张敷荣、张武升：《建国以来课程理论与实践的回顾与展望》，《华东师范大学学报》（教育科学版）1990 年第 4 期。

杨爱程：《教育家李秉德教授》，《社科纵横》1990 年第 5 期。

王策三：《我国十年来教学理论的进展》，《高等师范教育研究》1990 年第 5 期。

裴娣娜：《我国现代教学论发展中的若干认识论问题》，《高等师范教育研究》1990 年第 8 期。

张武升：《九十年代我国教学论发展的趋向》，《教育研究与实验》1991 年第 3 期。

王策三：《教学论学科发展三题》，《北京师范大学学报》（社会科学版）1992 年第 5 期。

旷习模：《开拓教学理论研究》，《教育研究》1992 年第 6 期。

施良方：《试论北美教学理论的形成与发展：兼论教学理论与学习理论、

课程理论的关系》,《教育研究》1993 年第 1 期。

嵇秀梅:《促进教育科学的发展——瞿葆奎教授访谈录》,《中国教育学刊》1994 年第 1 期。

董远骞:《中国近代教学论教材编写史略》,《课程·教材·教法》1994 年第 1 期。

汪刘生:《我国教学论研究发展态势与反思》,《高等师范教育研究》1995 年第 1 期。

汪刘生:《试论我国教学论研究的进展》,《中国教育学刊》1995 年第 4 期。

周浩波:《教学研究理论的扩展与收缩》,《课程·教材·教法》1995 年第 9 期。

刘要悟:《试析课程论与教学论的关系》,《教育研究》1996 年第 6 期。

丛立新:《教学论三问》,《教育研究》1996 年第 8 期。

李秉德:《教学理论与教学实践"两张皮"现象剖析》,《教育研究》1997 年第 7 期。

田慧生:《对教学论学科性质、地位与研究对象的在认识》,《教育研究》1997 年年第 8 期。

张廷凯:《我国课程论研究的历史回顾:1922—1997(上)》,《课程·教材·教法》1998 年第 1 期。

张廷凯:《我国课程论研究的历史回顾:1922—1997(下)》,《课程·教材·教法》1998 年第 2 期。

王永红、黄甫全:《课程现代化:跨世纪的思考——首届全国课程学术研讨会述评》,《课程·教材·教法》1998 年第 2 期。

郑金洲:《我国教育系科发展史略》,《华东师范大学学报》(教育科学版)1999 年第 4 期。

李秉德、王鉴:《时代的呼唤与教学论的重建》,《高等教育研究》1999 年第 5 期。

李秉德、李定仁、徐继存、李瑾瑜、蔡宝来、安珑山、潘洪建、郝志军、王兆璟：《教学论学科建设问题的回顾与展望笔谈》，《西北师大学报》（社会科学版）2000 年第 1 期。

徐继存、李定仁：《我国教学理论建设存在的问题及反思》，《教育理论与实践》2001 年第 8 期。

柳士彬：《困惑·反思·重构——论目前我国教学论研究存在的问题及对策》，《山东教育科研》2001 年第 12 期。

石鸥：《新世纪拒斥这样的教学论——主流教学论困境的根源及其走出》，《湖南师范大学教育科学学报》2002 年第 1 期。

张楚廷：《课程与课程论研究发展的十大趋势》，《课程·教材·教法》2002 年第 1 期。

蔡宝来：《出路与展望：现代教学论的未来发展》，《西北师大学报》（社会科学版）2002 年第 2 期。

陈佑清：《广义"教学论"》，《学科教育》2002 年第 3 期。

胡定荣：《21 世纪中国教学论发展的问题与走向》，《教育研究》2002 年第 3 期。

张传燧：《中国教学论发展的世纪回顾与前瞻——兼与蔡宝来先生商榷》，《教育研究》2002 年第 3 期。

魏新民、蔡宝来：《教学论的困境与出路》，《教育研究》2002 年第 6 期。

杨小微：《教学论是一门什么样的学问？——兼论教学论与课程论的关系》，《课程·教材·教法》2002 年第 12 期。

《教育研究》记者：《以"有涯"追"无涯"以"严谨"求"真知"——瞿葆奎教授谈治学》，《教育研究》2003 年第 2 期。

王鉴：《教学论若干问题的反思》，《教育研究》2005 年第 5 期。

施克灿、周慧梅：《敬业勤学，乐观豁达——王炳照先生的学术人生》，《国家教育行政学院学报》2005 年第 7 期。

刘启迪：《课程理论发展与实践进展——全国第五次课程学术研讨会综述》，《课程·教材·教法》2006 年第 10 期。

陈桂生：《教学法的命运》，《全球教育展望》2007 年第 4 期。

邓正来：《学术自主性与中国法学研究》，《社会科学战线》2007 年第 4 期。

田汉族：《回溯与展望：现代课程理论发展的基本问题》，《河北师范大学学报》（教育科学版）2007 年第 4 期。

杨启亮：《守护家园：课程与教学变革的本土化》，《教育研究》2007 年第 9 期。

侯怀银、谢晓军：《20 世纪我国学者对课程论学科建设的探索》，《课程·教材·教法》2008 年第 1 期。

许美德（Ruth Hayhoe）：《来自远方的敬意：写在顾明远教授八十华诞之际》，《比较教育研究》2008 年第 9 期。

吴康宁：《制约中国教育改革的特殊场域》，《教育研究》2008 年第 12 期。

王嘉毅：《从移植到创新——改革开放 30 年来我国教学论学科的发展》，《教育研究》2009 年第 1 期。

靳玉乐、罗生全：《课程论研究三十年：成就、问题与展望》，《课程·教材·教法》2009 年第 1 期。

徐继存：《发展中的中国教学论：问题与思考》，《课程·教材·教法》2009 年第 3 期。

李森、张东：《教学论研究三十年：实然之境与应然之策》，《西南大学学报》（人文社会科学版）2009 年第 6 期。

李森、赵鑫：《20 世纪中国教学论的重要进展和未来走向》，《教育研究》2009 年第 10 期。

徐继存：《教育学术的尊严》，《西北师大学报》（社会科学版）2010 年第 5 期。

张应强：《中国教育研究的范式和范式转换》，《教育研究》2010 年第 10 期。

徐继存：《教育学知识的限度及其意义》，《教育学报》2011 年第 1 期。

王鉴：《近十年来我国教学论研究的新进展》，《教育理论与实践》2011

年第 4 期。

侯怀银、李艳莉：《民国时期教育系科的分布及其特征》，《高等教育研究》2011 年第 10 期。

吴定初：《毕生探索为师之道——管窥张敷荣先生关于师范教育的思考》，《教育研究》2012 年第 3 期。

焦炜、徐继存：《百年教学论教材发展的回顾与思考》，《课程·教材·教法》2012 年第 9 期。

孙宽宁、徐继存：《我国课程论教材建设 90 年：反思与展望》，《课程·教材·教法》2012 年第 12 期。

张武升：《张敷荣先生的教育理想》，《中国教育科学》2013 年第 4 期。

丁钢：《20 世纪上半叶美国哥伦比亚大学师范学院的中国留学生》，《高等教育研究》2013 年第 5 期。

孙宽宁、车丽娜：《我国课程与教学论专业的博士生培养：经验与问题——全国课程与教学论博士点协作与建设工作会议综述》，《课程·教材·教法》2013 年第 9 期。

王鉴：《切问近思之道——略论李定仁先生的教育思想》，《当代教育与文化》2015 年第 5 期。

吕达、刘立德：《我国课程论重建的先驱者和奠基人——纪念陈侠先生诞辰 100 周年》，《课程·教材·教法》2015 年第 3 期。

刘来兵、程功群：《陈侠先生课程教材与教法思想述评》，《课程.教材.教法》2015 年第 5 期。

侯怀银、田英：《当前我国高校教育系科分布研究》，《高等教育研究》2016 年第 6 期。

郭利萍：《田本娜教育学术思想探析》，《中国教育科学》2017 年第 3 期。

侯怀银、李艳莉：《20 世纪上半叶商务印书馆与中国教育学发展研究》，《教育研究》2017 年第 7 期。

石鸥、张文：《改革开放 40 年我国中小学教材建设的成就、问题与应对》，《课程·教材·教法》2018 年第 2 期。

易红郡、姜远谋：《实验教学40年：回顾与展望》，《课程·教材·教法》2018年第6期。

刘志军、徐彬：《我国课堂教学评价研究40年：回顾与展望》，《课程·教材·教法》2018年第7期。

吉标：《改革开放40年我国课程与教学论学术交流的历程、问题与应对》，《课程·教材·教法》2018年第7期。

郭华：《中国课程论40年》，《课程·教材·教法》2018年第10期。

曾文婕：《走向"学习为本课程"——40年来我国课程观的嬗变与前瞻》，《课程·教材·教法》2018年第10期。

杨九诠：《1978—2018年：中国课程改革当代史》，《课程·教材·教法》2018年第10期。

余宏亮：《改革开放40年教材研究：图谱解析与进路探寻》，《课程·教材·教法》2018年第11期。

苏春景：《中小学教学法改革实验40年：变革历程、基本走势与发展方向》，《课程·教材·教法》2018年第11期。

李如密、张涛：《我国教学艺术研究70年：进展、问题与前瞻》，《中国教育科学（中英文）》2019年第2期。

侯怀银、任桂平：《中国课程论学科建设70年：历程、进展和展望》，《中国教育科学（中英文）》2019年第3期。

徐继存：《新中国教学论学科建设70年回顾与反思》，《中国教育科学（中英文）》2019年第4期。

侯怀银、张楠：《"五四"时期中国教育学发展的回顾与反思》，《中国教育科学（中英文）》2019年第4期。

郭文良：《新中国教学认识论研究70年回顾与展望》，《中国教育科学（中英文）》2019年第5期。

郭戈：《回忆我的导师王汉澜先生》，《中国教育科学（中英文）》2019年第6期。

赵鑫、李森：《我国教学方法研究70年变革与发展》，《课程·教材·教法》2019 年第 3 期。

和学新：《从规范教学秩序到构建学生发展的有效教学机制——我国教学组织形式变革 70 年的回顾与展望》，《课程·教材·教法》2019 年第 3 期。

郭戈：《我国统编教材的历史沿革和基本经验》，《课程·教材·教法》2019 年第 5 期。

潘洪建：《我国活动课程发展 70 年》，《课程·教材·教法》2019 年第 6 期。

孙宽宁：《我国课程知识研究 70 年的历程审思》，《课程·教材·教法》2019 年第 6 期。

李如密、断乔雨：《我国教学流派研究 70 年：进程、问题与前瞻》，《课程·教材·教法》2019 年第 8 期。

车丽娜：《教学文化研究 70 年的历史审视与现实思考》，《课程·教材·教法》2019 年第 8 期。

张家军、鲍俊威：《中小学教学改革实验 70 年的回顾与展望》，《课程·教材·教法》2019 年第 9 期。

项贤明：《基础教育课程改革如何从理念转化为行动——基于我国 70 年中小学课程改革历史的回顾与分析》，《课程·教材·教法》2019 年第 10 期。

马云鹏、金轩竹、白颖颖：《新中国课程实施 70 年回顾与展望》，《课程·教材·教法》2019 年第 10 期。

李允：《国外教学方法中国化的 70 年历程：贡献、羁绊及超越》，《课程·教材·教法》2019 年第 10 期。

阮成武、郑梦娜：《新中国成立 70 年来教学论的学科发展：审思与展望》，《课程·教材·教法》2019 年第 10 期。

附　　录

附录一　　1988—2000年课程与教学论领域博士学位论文信息一览

毕业时间(年)	姓名	论文题目	授予学位专业	毕业院校	导师
1988	张武升	小学历史教学教育性因素培养与评价的研究	教学论	西南师范大学	张敷荣
1988	吕　达	论我国近代普通中学课程渊源与沿革及其历史经验	中国教育史	北京师范大学	陈景磐　高　奇
1988	乔晓冬	课程论引论	教育学原理	北京师范大学	王焕勋　黄　济
1989	杨爱程	论课程的综合化——普通中小学课程改革的前景设想	教学论	西北师范大学	李秉德
1990	陆志远	课程价值论	教学论	西南大学	张敷荣
1990	高　文	试论发展性教学的理论研究	教育基本理论	华东师范大学	刘佛年
1991	郭　戈	教育家李廉方及其教育教学思想之研究——兼论我国教学论发展的若干问题	教学论	西北师范大学	李秉德
1991	庞学光	超越理性	教育学原理	南京师范大学	鲁　洁
1992	谭顶良	学习风格与教学	教育学原理	南京师范大学	鲁　洁

续表

毕业时间(年)	姓名	论文题目	授予学位专业	毕业院校	导师
1992	田慧生	教学环境论	教学论	西北师范大学	李秉德
1992	靳玉乐	潜在课程研究	教学论	西南大学	张敷荣
1992	孙绍荣	知识学习的信息加工模型及其教学意义	教育学理论	华东师范大学	瞿葆奎
1993	顾泠源	青浦实验的方法学与教学原理研究	教育基本理论	华东师范大学	刘佛年
1993	崔允漷	范式与教学论知识	教育学原理	华东师范大学	瞿葆奎
1993	黎加厚	论教学媒体与教师和学生的关系——兼论我国电化教育发展的道路	教学论	西北师范大学	李秉德
1993	刘会增	教学活动论	教育学原理	北京师范大学	王策三
1993	袁桂林	当代西方主要道德教育理论派别研究	教育学原理	东北师范大学	王逢贤
1994	黄甫全	阶梯型课程的理论探索	教育学原理	东北师范大学	王逢贤
1994	魏贤超	高等学校德育课程改革初探	比较教育	杭州大学	王承绪
1994	丛立新	青春期教育的理论和实践新探	教育学原理	北京师范大学	黄济
1994	吴永军	课程的社会学研究简论	教育学原理	南京师范大学	鲁洁
1994	刘要悟	教学评价基本理论研究	教学论	西北师范大学	李秉德
1994	王嘉毅	教学研究方法论	教学论	西北师范大学	李秉德
1994	马庆发	联邦德国课程理论研究	比较教育	华东师范大学	钟启泉
1995	徐玉珍	课程审议	教育学原理	华东师范大学	瞿葆奎
1995	巴登尼玛	文化视野中的藏族义务教育课程	教学论	西北师范大学	李秉德

续表

毕业时间(年)	姓名	论文题目	授予学位专业	毕业院校	导师
1995	曾天山	基础教育教材若干理论问题研究	教学论	西北师范大学	李秉德
1995	李 臣	活动课程研究	教学论	西南师范大学	张敷荣
1995	施仲谋	几地语文能力测试与比较研究	教育学原理	北京师范大学	王策三
1995	王本陆	教育崇善论	教育学原理	北京师范大学	王策三
1996	徐继存	教学理论的反思与建设	教学论	西北师范大学	李秉德
1996	熊 梅	启发式教学原理研究	教育学原理	东北师范大学	王逢贤
1996	吴国珍	美国现代课程研究的探索	外国教育史	北京师范大学	吴式颖
1997	李 森	教学动力研究	教学论	西南大学	张敷荣
1997	刘义兵	创造性教学过程研究	教学论	西南大学	张敷荣
1997	陈旭远	中小学课堂教学交往研究	教育学原理	东北师范大学	王逢贤
1997	李瑾瑜	师生关系的理论研究与实践建构	教学论	西北师范大学	李秉德
1997	张维忠	文化视野中的数学与数学课程的重建	教学论	西北师范大学	李秉德
1997	何文胜	中国初中语文教科书编选体系的比较研究	教育学原理	华东师范大学	刘佛年
1997	石筠弢	学前教育课程的基本特性	教育学原理	北京师范大学	陈帼眉
1998	和学新	主体性教学研究	教学论	西南大学	张敷荣 张武升
1998	张铁道	亚洲发展中国家普及教育中的课程问题研究	教学论	西北师范大学	李秉德

续表

毕业时间(年)	姓名	论文题目	授予学位专业	毕业院校	导师
1998	许洁英	教学中学生的个体差异研究——从适应到超越	教学论	西北师范大学	李秉德
1998	蔡宝来	现代教学论发展研究	教学论	西北师范大学	李秉德 李定仁
1998	蒋士会	课程变革导论	教育学原理	华东师范大学	瞿葆奎
1998	熊川武	论反思性教学	教育学原理	华东师范大学	瞿葆奎
1998	王建军	"把课程还给教师"说:论课程发展与教师	学科教学论	华东师范大学	施良方
1998	李德显	小学班级秩序的社会学研究	教育学原理	华东师范大学	张人杰
1998	李雁冰	主体性教育的课程观探论	教育学原理	南京师范大学	鲁洁
1998	张华	经验课程研究	比较教育学	华东师范大学	钟启泉
1999	郝京华	发展性教学原理	教育学原理	南京师范大学	鲁洁
1999	陈佑清	教育活动论——主体活动与活动主体的教育	教育学原理	南京师范大学	鲁洁
1999	郭良菁	迈向养成自主探究与反思的实践者的教师教育	教育学原理	华东师范大学	施良方
1999	陈时见	变革的资源:论有效的课堂管理	教育学原理	华东师范大学	施良方
1999	丁念金	课程中的独立人格建构	教育学原理	华东师范大学	施良方
1999	徐文彬	中国数学教学系统之研究	教学论	西北师范大学	李秉德 李定仁
1999	兰英	教师教育理念形成研究	课程与教学论	西南师范大学	张敷荣
1999	范蔚	语文教学与学生语文素质发展研究	教学论	西南师范大学	张敷荣

续表

毕业时间(年)	姓名	论文题目	授予学位专业	毕业院校	导师
1999	郭 华	教学认识的社会性研究	教育学原理	北京师范大学	裴娣娜
1999	綦春霞	数学课程理论探索	比较教育学	北京师范大学	顾明远
1999	李建华	当代美国数学课程改革与发展的比较研究	比较教育学	北京师范大学	顾明远
2000	张广君	教学本体问题研究	教学论	西北师范大学	李秉德
2000	林宪生	地理教学理论问题研究	教学论	西北师范大学	李秉德
2000	林培英	现代信息技术基础上的自组织课程研究	教育学原理	北京师范大学	裴娣娜
2000	刘志军	课堂教学质量评价研究	教育学原理	北京师范大学	裴娣娜
2000	郭玉英	综合科学课程研究	比较教育学	北京师范大学	顾明远
2000	王斌华	发展性教师评价制度研究	比较教育学	华东师范大学	钟启泉
2000	李雁冰	质性课程评价研究	比较教育学	华东师范大学	钟启泉
2000	卜玉华	课程理论的出发点之研究	教育学原理	华东师范大学	叶 澜
2000	于洪卿	关于九十年代上海基础教育课程编制理论的探讨	教育学原理	华东师范大学	叶 澜
2000	白益民	自我更新——教师专业发展的新取向	教育学原理	华东师范大学	叶 澜
2000	朱宁波	日本教师"专业发展"的个案研究	比较教育学	华东师范大学	钟启泉
2000	区培民	语文教师课堂行为系统研究——课程教学一体化的视点	比较教育学	华东师范大学	钟启泉

续表

毕业时间(年)	姓名	论文题目	授予学位专业	毕业院校	导师
2000	陆 宏	基于网络的课程研究	比较教育学	华东师范大学	钟启泉
2000	迟艳杰	教学:人存在意义的追求	教育学原理	华东师范大学	陆有铨
2000	王 洁	综合模块课程的实验	教育学原理	华东师范大学	金一鸣
2000	吴刚平	论校本课程开发	教育学原理	华东师范大学	陆有铨
2000	齐学红	中小学师生互动中的学生自主性——个案研究	教育学原理	华东师范大学	金一鸣

附录二　1980—1990年课程与教学论领域硕士学位论文信息一览

毕业时间(年)	姓名	论文题目	授予学位专业	毕业院校	导师
1981	孟宪起	试论赞科夫关于儿童的一般发展	教育学原理	北京师范大学	顾明远
1981	杨启亮	美育过程论	教育基本理论	曲阜师范学院	陈信泰
1983	马立平	从学习的研究看机能个别训练的教学效果问题	教学论	华东师范大学	瞿葆奎
1983	丁证霖	新教学方法在中国(1904—1949)	教学论	华东师范大学	瞿葆奎
1984	王 竞	教学活动中学生学习能力的发展和培养	教育学原理	北京师范大学	王策三
1984	吴定初	关于启发式教学的理论探讨	教学论	西南师范大学	张敷荣
1984	乔晓冬	科学技术的发展与课程的演变	教育学原理	东北师范大学	吴 杰
1984	袁桂林	评巴班斯基的教学过程理论	教育学原理	东北师范大学	吴 杰
1985	于利平	皮亚杰发生认识论对教学论的意义	教育学原理	东北师范大学	吴 杰

续表

毕业时间(年)	姓名	论文题目	授予学位专业	毕业院校	导师
1985	丛立新	教学活动中非智力心理因素的作用和培养	教育学原理	北京师范大学	王策三
1985	郑继伟	小学生自学能力培养的理论与实验试探	教学论	杭州大学	张定璋
1985	高耀明	关于课堂教学效率的初步探讨	教育基本理论	山东师范大学	鲍兆宁
1985	张必芳	布卢姆教学评价初探	教育基本理论	山东师范大学	鲍兆宁
1986	杨小微	中小学教学结构与模式	教育基本理论	华中师范大学	王道俊 旷习模 郭文安
1986	王跃华	模型方法与教学论研究	教育基本理论	南京师范大学	鲁洁 吴也显
1987	张广君	论教学系统运转与演化机制	教学论	西北师范大学	李秉德
1987	徐亚男	试论我国问题教学理论和实践的发展	教学论	杭州大学	董远骞
1987	赵鹤龄	教学过程的创造性本质研究	教学论	哈尔滨师范大学	唐文中
1987	杨 平	论创造性学习	教学论	哈尔滨师范大学	唐文中
1987	王献恩	试论我国普通中学选修课的设置	教学论	哈尔滨师范大学	唐文中
1987	金 生	简论教学测试	教学论	哈尔滨师范大学	唐文中
1987	侯怀银	近代西方科技的引进对清末课程改革的影响	教学论	北京师范大学	史国雅 王策三
1987	熊川武	创造性思维"信息转化说"	教学论	华东师范大学	瞿葆奎
1987	陈燕楠	小学生创造潜能的开发与创造精神的培养	教学论	北京师范大学	王策三
1987	柳海民	论教学过程的模式	教育学原理	东北师范大学	吴 杰
1987	钟以俊	建构具有审美特质教学的境界	教育学原理	东北师范大学	吴 杰

续表

毕业时间(年)	姓名	论文题目	授予学位专业	毕业院校	导师
1988	陈旭远	潜在课程的结构与功能	教育学原理	东北师范大学	吴 杰
1988	贾 非	大学入学考试改革初探	教育学原理	东北师范大学	吴 杰
1988	马云鹏	小学数学教学中学具操作活动的实验研究	教育学原理	东北师范大学	吴 杰
1988	赵义泉	暗示教学实验研究	教育学原理	东北师范大学	吴 杰
1988	李佐良	布卢姆"掌握学习"教学论及其现实意义	教育学原理	东北师范大学	富维岳
1988	吴道槐	试论"讲授—接受"教学模式及其变革	教学论	北京师范大学	王策三
1988	刘会增	相对分化、适当综合——试论我国初中理科课程改革	教育学	北京师范大学	王策三
1988	曾小英	我国师导自学教学实验研究	教育学	北京师范大学	王策三
1988	郭 戈	兴趣教育论	教育学原理	河南大学	王汉澜
1988	李菊梅	教学过程论的结构	教育基本理论	河南大学	王汉澜
1988	王 坦	H.塔巴的教学模式及其涵义初探	教育基本理论	山东师范大学	鲍兆宁
1988	魏 薇	程序教学及其发展对现代教学论的启示	教育基本理论	山东师范大学	鲍兆宁
1988	苏春景	试论教学的科学性与艺术性的内在统一	教育基本理论	山东师范大学	鲍兆宁
1988	王敏勤	暗示教学的实验与探索	教育基本理论	山东师范大学	鲍兆宁
1988	唐晓杰	西方"隐蔽课程"研究的探析	教学论	华东师范大学	瞿葆奎

续表

毕业时间(年)	姓名	论文题目	授予学位专业	毕业院校	导师
1988	罗明东	"泰勒原理"评析——现代西方课程编制理论发展之管见	教学论	华东师范大学	瞿葆奎
1988	陶保平	阅读理解理论和策略探微	教材教法	华东师范大学	翟惠文
1988	陈海奋	小学生自我教育能力培养的理论构想和实验探索	教学论	杭州大学	张定璋
1988	瞿瑛	小学生处理生活能力培养的理论和实验概括	教学论	杭州大学	张定璋
1988	张引	论课堂气氛	教学论	杭州大学	裴文敏
1988	盛群力	培养三自能力 促进小学生个性全面发展理论构想和实验试探	教学论	杭州大学	张定璋
1989	卢真金	教学艺术初探	教学论	杭州大学	裴文敏
1989	金仲儿	校园文化概论	教学论	杭州大学	张定璋
1989	潘晓兰	教师角色	教学论	杭州大学	张定璋
1989	张伟平	思路教学初探	教学论	杭州大学	董远骞
1989	周浩波	课程研究的还原	教学论	华东师范大学	瞿葆奎
1989	刘国俊	"积极学习"与有效教学策略研究	教学论	华东师范大学	徐勋
1989	庞国斌	我国传统文化对当代教学领域的广泛影响——中国教育改革的文化思考	教育学原理	东北师范大学	富维岳
1989	王富君	教学民主化问题研究	教育学原理	东北师范大学	富维岳
1989	徐涵	教学中情感问题的理论探讨	教学论	东北师范大学	富维岳
1989	姜俊和	现代国外对教学过程的认识及发展趋势	教育学原理	东北师范大学	吴振成

续表

毕业时间(年)	姓名	论文题目	授予学位专业	毕业院校	导师
1989	张利辉	试论当代国外教学方法的发展趋势	学科教学论	东北师范大学	吴振成
1989	张秀萍	论非智力因素与教学	学科教学论	东北师范大学	罗正华
1990	张晓鹏	教学与学生兴趣的形成和发展	教学论	东北师范大学	富维岳
1990	金永志	教会学生学习的理论与实践探索	教学论	东北师范大学	富维岳
1990	侯琪山	教学理论与认识论	教学论	华东师范大学	瞿葆奎
1990	郭元祥	对课程—知识价值观的探讨	教学论	华东师范大学	瞿葆奎
1990	崔允漷	论认知—情感相互作用及其教学原理	教学论	华东师范大学	瞿葆奎
1990	徐学福	模拟视角下的探究教学研究	教学论	西南师范大学	宋乃庆
1990	李 凡	教学中控制"测验焦虑"的研究	教学论	西南师范大学	刘克兰
1990	靳玉乐	布鲁纳的结构主义教学论及其对我国教学改革的影响	教学论	西南师范大学	高振业 刘克兰
1990	吴 霓	元代教学实践与教学思想研究	中国教育史	西南师范大学	熊明安
1990	雷晓云	课程评价若干问题的探讨	教学论	华中师范大学	廖哲勋 旷习模
1990	温恒福	创造性教学的基本策略	教学论	哈尔滨师范大学	唐文中
1990	李振凤	论大面积提高教学质量	教学论	哈尔滨师范大学	唐文中
1990	吕 涛	教学过程中的人际关系与学生个性发展	教学论	哈尔滨师范大学	唐文中
1990	林雪卿	农村义务教育阶段教学计划问题探讨	教育基本理论	福建师范大学	李明德 黄经闾 梁廉玉
1990	余文森	试论大面积提高教学质量的三条基本原则:目标性原则、评价性原则、情感性原则	教育基本理论	福建师范大学	李明德 黄经闾 梁廉玉

后　　记

　　学科史的研究需要以丰富的资料与史实为依托。在整理成书的过程中，我们借助常用的学术检索数据库，查阅了大量已出版的著作、学术论文以及一些原始档案资料，研读了一些前辈学者出版的文集，在繁多的资料中整理爬梳，在此基础上进行全面、客观的分析，获取了课程与教学论学科发展的一些丰富史料和数据。然而，仍有一些重要信息并不能从公开的网络和现有学术研究中找到，于是，笔者通过多种途径对课程与教学论学科发展的一些重要当事人和见证者进行了访谈。南京师范大学杨启亮教授，西南大学靳玉乐教授，华东师范大学杨小微教授，北京师范大学王本陆教授、郭华教授，山西大学侯怀银教授，海南师范大学李森教授，河南大学刘志军教授，陕西师范大学陈晓端教授，华南师范大学张广君教授，广西师范大学高金岭教授，南京师范大学李如密教授，哈尔滨师范大学杨丽教授，辽宁师范大学朱宁波教授，湖南师范大学辛继湘教授等通过不同途径和方式，为本书写作提供了有价值的资料和数据，对书稿的完善和校正大有裨益。为了更深入了解前辈学者的生平事迹，笔者还联系到多位前辈学者的后人及弟子，进行多次访谈。鲍兆宁先生的女儿慷慨献出保存多年的文稿、档案、学术活动照片以及前辈学者之间的一些通信原件，供笔者参考和查阅，这些第一手的资料为更丰满、全面地透视前辈学者的职业人生和学术生涯提供了不可或缺的宝贵资料。在著述中，我们引用、参考了学界一些相关研究成果，书中都做了必要的注释，在此一并向所有作者表示感谢！本书得以顺利完稿，也要感谢黄慧泽、闫晓萌、庄旭旺、王冉等多位硕士研究生协助阅读初稿并进行认真校对。

  多年来,笔者所开展的课程与教学论学科史研究得到了廖哲勋老师、徐继存老师和李森老师等三位导师的精心指导,借此机会表达由衷的感谢!师恩难忘!笔者希望对课程与教学论的学科发展略尽绵薄之力,唯才疏学浅,难免疏漏,不周之处乞方家不吝赐正。

吉　标　孙宽宁

2020 年 2 月 7 日